U0048106

今天也要用便當出擊

作者————ttKK（Kaori）

日本酷媽
用怨念便當
收服叛逆女兒

推薦序

才不是什麼怨念便當，是媽媽才華的展現以及對孩子的撒嬌。

知名圖文作家·徐玫怡

　　煮飯，雖然是慣性的、必須天天做的家事，但想要吃什麼則經常是一時靈感。有時候為了靈感買齊異國料理需要的食材香料，展現大廚的氣派；有時候利用冰箱只剩的半顆高麗菜和櫃子裡最後兩朵香菇，也能

不管媽做什麼菜，都要吃下去喔！

為什麼？

你是我的粉絲啊！

ㄏㄚˊ？

我是你的兒子吧！哪是粉絲？

i

拼湊出讓自己欣賞不已的樸素小食。

　　一時靈感的熱情以及巧妙手作的療癒，是廚房裡最有趣的事情。我把煮飯當成創作，孩子就是我廚房作品唯一的粉絲。

　　洗衣掃地、曬棉被、摺衣服的工作已經很瑣碎、很占時間了，所以我常不了解日本媽媽怎麼有那麼多時間可以花在做便當這件事上面。每次在網路上看見日本媽媽各式各樣的愛心便當，都讓人嘆為觀止！我想，日本媽媽可真是一種必須以競爭態度來表現的角色。

　　而這麼多以愛心便當競爭中，「向女兒報復」的怨念便當，可說是其中令人眼睛一亮的特別獎。

　　製作了「充滿怨言的愛心便當」的媽媽跟「即使很討厭媽媽做幼稚的便當也會全部吃下去」的叛逆期女孩，母女的較勁可真是不相上下了！

　　《今天也要用便當出擊》一書圍繞著作者與女兒互動的點點滴滴，我也在書中學到怎麼刻海苔字（吼～也太細膩了），我看到一個熱愛手作、充滿創意的媽媽在便當中釋放自己的才華。

　　「每天把怨念表現在便當裡面，讓孩子明白媽媽的心意」。天啊，這完全是一個讓自己「麻煩死了」的決心！這媽一定是熱愛手作創意，並且期待自己的作品能在孩子心裡出現互動，若不是這樣，要怎麼克服每天都麻煩死了的便當呢！

雖然說作者 ttkk 是為了報復女兒的叛逆不聽話，為了向不說話、我行我素的女兒找碴，可是啊，以我的角度，我看到的才不是什麼怨念便當。不是！是媽媽對孩子的撒嬌！一個又一個想法瘋狂、手法細膩的怨念便當不斷出爐的時候，我們在媽媽的憤怒中笑了——這明明是午餐的 KUSO，媽媽的搞笑。

　　是吧？就是撒嬌嘛！媽媽想跟孩子互動，講講心事、無聊的生活小事也好，可是孩子又不領情，叛逆期的孩子怪裡怪氣的耍酷，那媽媽只好想辦法逼出潛力、發揮才華，硬去討愛了。怨念便當表達了任性又體貼的媽媽的撒嬌（這樣說有點怪怪的，但真的就很用心想跟孩子說話嘛），孩子，你看出來了嗎？

　　每一家的親子互動都有他們獨特的方式，ttkk 給女兒的便當是如此唯一。媽媽的作品只有女兒專有，這樣的用心，再怎麼不想聽話的孩子都要對媽媽服氣了吧！

（徐玫怡繪）

目錄
contents

前情介紹：
便當是媽媽最強大的武器

我有兩個女兒。
大女兒很開朗，很有活力，很愛說話，
二女兒很酷，話很少，喜歡搞神祕。
兩個個性截然不同的女兒，加上慈母兼嚴父的我，
三個「假鬼假怪」的女生組成了我們這一家。

我們的親子關係良好，對她們我時而嚴格，
時而像朋友，家中每天最不缺的就是笑聲。

雖說是開心的一家人，但還是存在著問題，
今年春天，就要從高中畢業的二女兒出現了「叛逆期症狀」。
說是叛逆期，其實也只是很可愛的反抗啦，
像是無視我，或是不回答我的問題這種小狀況而已。

把每天做給女兒的便當叫做「怨念便當」，
一開始其實只是我對二女兒一點小小的抗議。
無心展開的「怨念便當」，
曾幾何時竟慢慢成了我和女兒之間的溝通方式。

做便當很辛苦，我也曾經想要逃離日復一日做便當的噩夢，
但做便當時如果抱持著某種有趣的目的，
就讓人變得期待萬分，樂此不疲了。

雖然我很快樂，
但人很酷、話很少、與可愛便當完全不搭嘎的二女兒，
可能每天一想到要打開便當蓋，就感到一陣憂鬱吧！

我開始寫部落格，
是因為體會到做便當的快樂後，

也想讓別人看看我做的便當，
結果讀者就這樣一天天的壯大，
點閱數也一天天的增加。

自從部落格成為人氣排行榜的常客後，
就有許多網友紛紛留言給我。

有些網友留言拍手叫好，也有些網友毒辣回嗆我，
但不管如何，因為有這些期待我更新部落格的網友們，
我才能持續一直做著便當，在部落格分享我的心情。

當出版社表示希望出書時，
我實在不敢相信自己的部落格竟然可以變成書、擺在書店販售。
多虧兩個女兒，以及多年來支持我部落格的網友們，
我才能夠實現此事，人生還有什麼比這更值得開心的呢！

至於部落格的主角、也就是我那二女兒，
她還是一如往常，對我的部落格和書都興趣缺缺的樣子，
維持她一貫的酷樣。

這三年裡，女兒從剛進高中到高中畢業，
透過每天做便當，我獲得很多，也學到很多，
最重要的也傳達了許多珍貴的訊息給女兒。

我一直認為親子間的溝通很重要，
並且可以透過許多不同的方式，不一定只有語言。

我們家的溝通方式雖然有點「奇特」，
但如果我這「奇特」的方式，
能對家正有叛逆期的孩子，或是正為了育兒苦鬥的父母，
甚至未來即將建立家庭的年輕人，在或笑或淚的過程中，
給予些許溝通靈感，或是為母、為子者心靈上的療癒，
那我會十分開心。

2012 年「怨念便當第一年」：對決開始

我們家位於伊豆諸島的八丈島上，
大女兒已經獨立離家，
家中只剩下和我不斷對戰的二女兒，
也就是這本書的女主角，
她目前就讀島上的一所高中。

她雖然正值目中無人的叛逆期，
骨子卻是個很「渴愛」的高中生。
我們家離日本本島約三百公里，
在充滿自然的環境中，渡過平凡的每一天。

至於我嘛，是個愛做料理和點心、極其普通（？！）的母親，
平常在土產店的工廠裡工作，
空閒時間也會在家做點小東西當作副業。

我之所以開始做起「怨念便當」，
是因為叛逆期的女兒總讓我一肚子火，卻又無法可施。
時間大概是她剛進高中那時，和別人比起來，
她的叛逆期應該算是比較晚的。

二女兒的戒心從小就比姐姐強，是個不輕易敞開心房的孩子，
不同於害怕寂寞的姐姐，她總覺得自己一個人也無所謂，
常說：「別人是別人，我是我」，總是我行我素。

不愛說話，總是一副酷樣，雖然是她的風格，
但逐漸進入青春期的她，漸漸開始反抗我、忤逆我，
被她氣到的我，就帶著還以顏色的心情，開始做起「怨念便當」。

一開始，我只是單純想找女兒的碴而已，

但在每天持續做便當的過程中，愈來愈覺得有意思，
也就萌生一股「想讓別人看看我的戰果」的念頭。

所以，我就開始了我的部落格人生。
每天只要上傳當天的便當照片後，就會得到許多網友的熱烈回應，
我也從一開始的驚喜，漸漸變成一種快感（笑）。
或許我本來就有愛搞笑的體質，喜歡「假鬼假怪」抓弄人！

做料理這件事，我以前就很愛，
對於「搞剛」的廚房工作也從不嫌煩。

所以，做便當這件事對我一點也不是問題，
但若是每天都要貫徹「找碴」、「激怒」的概念，
做出各種不同「梗」的便當，就很辛苦了。
不過，一想到女兒打開便當的表情，
我還是摩拳擦掌地展開每天的「便當大戰」。

不知道我居心不良的二女兒，
就這樣一邊碎念，一邊帶著我做的「怨念便當」上學去，
沒想到我的「找碴行動」竟然會維持到她高中畢業，
真是作夢也沒想到，連我都不禁佩服自己！

高一時，女兒對於我做的「怨念便當」還很抗拒，
覺得有損她在同學面前的形象，
拚命跟我抗議說：「做一般的便當就好了！」
但是，我既然已經開始做了，說什麼都不會輕易縮手的！

一半是我向來對自己下決定要做的事絕不輕易喊卡，
另一半則是想對女兒還以顏色的心情太強烈了。

剛開始的第一年，
我嘗試在兼顧色香味的便當中加入我的心情，
體會邊做便當，邊搞笑的樂趣，將它寫成文字，在部落格與大家分享。

2012/6/22

便當名：給我小心點，小紅帽！

[材料]

- 小蕃茄
- 花椰菜
- 山藥撒紅紫蘇粉
- 牛蒡炒蓮藕

- 煎蛋
- 秋葵火腿捲
- 紫蘇梅炸肉捲
- 小熱狗

給女兒的一句話：

老媽的嘴很大是因為要用來痛罵妳的啦！

最近每天天氣都好差！
大家都過得如何呢？

天空灰矇矇的🌥
天候這麼差，
飛機也已經停飛六天了🏠
天氣何時才能變好呢……

我的心情每天也像天空一樣陰沉沉的，
實在好悶啊～
什～麼也不想做！

但是，我還是有非做不可的任務！
每天早上，
我都要做「怨念便當」給我那雖然可愛、但也令人火大的女兒！

從開始做怨念便當回敬女兒，
一回神竟然已經進入第四十五天惹！
每天要做這種便當其實還滿累的。

但是……
我已經決定在女兒改掉她那狂妄的態度之前，
要一直繼續做下去，
所以，說什麼都非做不可😤

真是拚啊，我……。

2012/6/26

便當名：大叔之戀

[材料]

- ♦ 花椰菜
- ♦ 韓式拌豆芽
- ♦ 煎蛋
- ♦ 山藥撒紅紫蘇粉

- ♦ 魚板
- ♦ 小熱狗
- ♦ 炸雞塊

給女兒的一句話：

老媽可是也很受大叔們的歡迎哩！

梅雨暫時停歇了，
今天的天氣很平靜。

大家都過得如何呢？

昨晚，
我和一位很會搞笑的大哥一起喝酒，
說是大哥，其實是大叔啦！

明明是我該逗他開心的，

但好像反而是他讓我心情大好。
因為大腦一直被這位大叔占據，
所以今天便當的主題就乾脆用大叔了。
但是，純粹的大叔便當又很無聊，
所以呢，
我就自己加上美好的情節了！

啊……
要是明天也好天氣就好了啊～

2012/7/25

便當名：夏☀戀情

[材料]

- ♠ 花椰菜
- ♠ 沙拉義大利麵
- ♠ 秋葵火腿捲
- ♠ 魚板

- ♠ 煎蛋
- ♠ 小熱狗
- ♠ 炸雞塊

給女兒的一句話：

狂野的夏天！
　　妳偶爾也給我狂野一下吧！！

我⋯⋯快累趴了！
每年這個時期都好累喲！🏹

夏天總是很忙，
不過，忙碌中，還是得要享受一下才行，🎵
所以，昨晚和朋友去了祭典！
去之前的行程實在非常緊湊。
工作做完後，回家弄頭髮、換穿浴衣，
再幫四個朋友把浴衣穿好⋯⋯。

祭典既可以穿浴衣，
又可以拿圓扇，真是令人開心的節日啊！

原本很希望今天悠悠閒閒地過一天⋯⋯
但是，今天的行程搞得緊張得不得了！🎏
慶幸的是，今天不必做‧便‧當！！
真是鬆了一口氣～🎵

至於昨天的便當呢，
想說偶爾做做三明治也不錯，就以三明治做為主菜了。

但三明治還是得想想激怒女兒的梗啊！
回敬女兒的事當然不能隨便停止，
百般煩惱下，天賜靈感！
就用夏日之戀當主題，喚起女兒的熱情吧！💕

2012/8/9

便當名：早餐／愛睡大叔
午餐／大叔的西瓜

[早餐材料]

- 小蕃茄
- 秋葵拌芝麻
- 鵪鶉蛋
- 煎蛋
- 小熱狗
- 炸雞塊

[午餐材料]

- 秋葵火腿捲
- 通心粉沙拉
- 煎蛋
- 小熱狗
- 炸雞塊

給女兒的一句話：

暑假……我也想休息！

大家早啊！
今天醒來的感覺如何？

我今天竟然不小心起得太早了！
當然是因為要起來做女兒的便當啊～
為什麼暑假還要上學啊！？
唉，我抱怨也沒用，
她又不是去學校玩……

就算在這樣的暑假，
「怨念便當」還是不能停。
討厭的是，
女兒竟然給我説：「早餐的便當也麻煩了！！」

拜託！不能像平常在家裡正常吃完早餐再去嗎？✢
實在很火大，
所以早餐的便當當然不能馬虎，也要回敬女兒一點顏色！☙

就在我想不出激怒她的點子時，
突然看到她的襪子上噁心的大叔圖案……

反正要想其他的梗也很麻煩，
那就將主題定為「噁心大叔的夏天」吧！✦

2012/9/5

便當名：怎樣？嚇人吧？

[材料]

- ♦ 小蕃茄
- ♦ 花椰菜
- ♦ 馬鈴薯沙拉
- ♦ 鵪鶉蛋

- ♦ 魚板
- ♦ 炸雞
- ♦ 小熱狗

給女兒的一句話： **就是要讓妳從頭到腳都發抖！**

夏天逐漸接近尾聲，要和難入睡的夜晚說拜拜了～
空氣中已經飄來秋天的味道！

大家早安！
忙碌的夏天漸漸過去。
夏天時沒日沒夜忙著趕貨的公司也突然變得好安靜，
沒有什麼事情要做……

往年就算過了忙碌的夏天，也還是有事可忙，
不知為什麼零食業突然也沒生意了？
該怎麼辦呢？😓

一旦閒了，就常常早回家，休假也變多了。
慘了慘了！💨
為了不要變得太閒，副業就非開工不可了！😈

下學期開學了，做了兩天的便當，
從很久以前就想做「卡通便當」，
不知道這能算嗎（忍笑）？

噗！管他是不是，至少女兒看到這個便當會從頭涼到腳，
把夏天的熱氣一掃而盡！
是吧，哈哈哈！😈

而且，這個肯定會食慾不振吧！？

2012/9/19

便當名：我不會要妳給我用跑的，但至少……

★便當中文字：給我用走的！！

〔 材料 〕

- 玉米
- 秋葵火腿捲
- 小蕃茄加鮪魚美奶滋餡
- 味噌炒茄子與青椒

- 鵪鶉蛋
- 煎蛋
- 炸雞塊
- 小熱狗

給女兒的一句話：

妳以為妳是社長呀？！

今天會是雨天，還是晴天呢……？
最近天氣真是怪裡怪氣，很不穩定！

大家早安！
由於昨晚工作到很晚，公司特准我休假一天，
今天白天不用上班嚕！

所以昨晚就因此小喝了一下，
早上精神當然不會好啊，這種時候實在很想再睡一下～
開車當然也不 OK，
於是我直接、明白地告訴女兒：「今天沒法載妳上學喔！」

但，人生十之八九不如意啊……
想到便當，還是像平常一樣起床了。

不過實在是提不起勁做便當，想說再幫女兒送去學校好了。
就在我打盹的時候，
女兒竟然說出：「送我去上學！」
「啥米？！我不是說過晚班的隔天不能送妳上學嗎？」
我整個人大爆炸！

雖然火大，但因為外面下著雨，也只有送她去了……
早上做便當時，當然就將心中的怨念一併做進便當，
要她吃下去！

2012/9/20

便當名：被咀咒的午餐時間

★便當中文字：咀咒

[材料]

- 小蕃茄
- 花椰菜
- 牛蒡炒蓮藕
- 馬鈴薯沙拉

- 煎蛋
- 炸雞
- 小熱狗

給女兒的一句話：

少惹我生氣，我可是比貞子
還可怕的媽媽咧！

大家早安！

每天做怨念便當，
好像快要忘記一般便當是什麼樣的感覺了。

有時雖然也想回到一般的便當，但滿肚子怨念實在很難不發洩！

「昨天的便當被同學們笑了……」
女兒傳來了這樣的簡訊。

哈，妳活該！👏
我有一種「贏了」的快感，
所以回信給女兒說：「誰叫妳自己不走路上學的！」

但她回了讓我更火大的話：
「蛤？你自己也沒在走路啊！」

雖然女兒東扯西扯、理由一堆，昨天還是自己走路回家了。
而且，今天早上她也自己走路上學（笑）。

所以她還是會想的嘛！〰

今天做了貞子便當……
我好像迷上做手指圖案了！〰
光是手指就有好恐怖的感覺呢！
為什麼會這樣呀？？？？？？

2012/9/22

便當名：大叔也來文化祭加油！

[材料]

♦ 小蕃茄

♦ 醃黃瓜

♦ 花椰菜培根捲

♦ 馬鈴薯沙拉

♦ 煎蛋

♦ 炸蝦

♦ 小熱狗

給女兒的一句話：**拿出妳的意志力，給我跑到底！！**

大家早安！

今天星期六。
今天不‧工‧作，放假！

可以大睡特睡～～～😌

不對，不對，
今天也要做便當！✍

今天是文‧化‧祭！
學校的園遊會。

因為這天，連暑假都還要上學，而且，要準備到很晚！
畢竟努力這麼久就是為了這天嘛～

只要大家玩得開心就值得囉！😌

也因為這樣，
我的腦中就只有文化祭這三個字……
所以就做了慶祝文化祭的便當了✨

明天文化祭終於要正式登場了。

今天得小心不要又喝太多惹……。

2012/11/22

便當名：給我拿出便當盒來！

★便當中文字：仙貝寫「拿出來吧」

[材料]

- ♦ 小蕃茄
- ♦ 牛蒡炒蓮藕

- ♦ 火腿起司
- ♦ 馬鈴薯沙拉

給女兒的一句話：

妳以為洗便當盒的是誰啊？

大家早安！

今天稍微賴了一下床，
所以，一大早就急急忙忙準備便當的材料。

欸？欸欸？
便當盒根本沒拿出來嘛！！！！！

這是讓我最火大的事！

要洗的東西不就該立刻拿出來洗嗎！

於是我的怨念就出現在便當裡了……

怨念風的便當，
好像讓女兒被同學笑得很慘～
噗！敬請期待每天的午餐囉！

妳就去讓人家笑吧～～

2012/11/27

便當名：給我收乾淨

大便當中文字：盤子給我收乾淨！！

[材料]

- 花椰菜
- 菠菜拌芝麻
- 馬鈴薯沙拉

- 煎蛋
- 紫蘇梅竹輪捲
- 炸雞塊

給女兒的一句話：

我再講一次：請為洗碗的人想想吧！

大家早安！

昨天的天氣真像颱風，還好走了，
今天天氣整個大放晴～

好天氣散步最棒了！！
我只是嘴巴説説啦。

因為我根本沒在散步ーーーーー🐱

最近有件事讓我特別火大……
就是女兒「不收東西」的壞習慣！✨

吃零食的垃圾吃完就放著不管……
用過的盤子原位不動放著不管……
再講下去就沒完沒了！

實在是忍無可忍，於是就把這火大的心情放到便當裡了！💗

是説打開便當，女兒想必會這麼想吧：
「怎麼又是這個啊！」

沒辦法啊～
都是妳自己不好好收拾乾淨害的啊！

嗯……其實也是想不出什麼好「梗」啦，
才會做這種便當啦～🍱

Q：海苔要怎麼切？

A： 可以刻成各種文字和圖案的海苔，是做「怨念便當」時非常好用的材料喔！因為只要把印在紙上的文字刻出來，很容易就做出想要的文字。

※ 給我早點起來！！

要準備的東西

1. 切割墊
2. 描圖紙
3. 鑷子
4. 割字刀

5. 刀（切菜刀）
6. 起司片
7. 海苔

製作方法

1. 把想割出來的文字或圖案畫出來

在想切出來的文字或圖案上放上描圖紙，以原子筆照著描出來。

2. 把各部位的海苔割下來

有時候要一面轉著切割墊，一面小心地慢慢切，不要切碎掉。

3. 要漂亮地切到細部為止

在切割墊上放上海苔，把描圖紙蓋上去，以割字刀割出文字。

4. 切起來後要先排排看

所有部位都切下來後，想好如何配置，並檢查沒有切錯或少切。

5. 把起司墊在下面排列

在起司片上放上切好的部位排列，用薄膜之類的東西蓋上去壓住，讓它固定。

6. 切割成易於使用的樣子

一面想像排列時的構圖，把不需要的起司切掉，再一塊一塊地分別割下來。

完成！

排列整齊，就完成了！

盡量均勻鋪好白飯，排上海苔字時也要考慮整體配置的美感。

2013 年「怨念便當第二年」: 遭遇強烈抵抗

怨念便當進入第二年，
還以為女兒會洗心革面，變得聽話些，
沒想到她變本加厲，反抗得更嚴重！
讓我做便當也愈來愈花心思了。

這陣子，我對便當的想法，也慢慢有了些許改變，
雖然「找碴」的概念並沒有變，
但我發現，我想透過便當傳達訊息給女兒的心情愈來愈強烈了。

想說與其不斷碎碎念，不如用便當「傳達訊息給女兒」吧！
我不想只用有趣的梗進攻，
也希望能多傳達一點有意義的主題。
但因為也不想失去幽默的本意，
想每天便當的內容就變得相當辛苦了。

當然，有時還是有一些對女兒的怨念或是說教，
但是，對她來說，
我花心思做的便當，除了找碴之外，或許什麼也不是吧！
女兒還是一如往常，基本上對於便當裡的梗沒有反應，
希望我「做點正常便當」的念頭似乎也沒有改變。

雖然她偶爾好像會隱約地回應一下我在便當裡留下的訊息，
但我不知道那究竟是她成熟的表達，還是純粹只是她心血來潮的回應……
雖然她漸漸長大、懂事，但也有些孩子氣的反應，
青春期的女孩就是這麼難懂。

雖然正處於反抗最嚴重的叛逆期，
但現在和我一起相依為命的也只有她而已！
就算我們彼此不爽、吵吵鬧鬧，

說話毒舌，還是非得溝通不可。
在這樣的情況下，便當就成了我們母女互槓、表愛的溝通工具。

之所以說只有我和小女兒兩人相依為命，
除了是因為大女兒已經離家工作之外，
也是因為我離了婚。

單親媽媽這條路我已經走了十二年了，
雖然父母都在身邊、一家人每天笑臉相對是最好的，
但現實卻無法那樣的順利。
女兒們或許也想過「有爸爸在比較好」，
但因為離婚是全家彼此討論後的結果，因此無論是過去或現在，
她們對於「爸爸不在」這件事，也從沒對我抱怨過什麼。

成為單親媽媽後，陪伴她們的時間雖然變少了，
但我對她們的態度卻從未改變，
很慶幸她們的個性都很正面，
一家三口每天的日子過得還算快樂。

大女兒離家，獨自搬到外面生活，是在她高中畢業四個月之後。
那時，二女兒並沒表現出任何落寞不安，反而淡定面對姐姐離家的轉變。
唉，反正住在同一個島上，也經常會碰到面，
要說理所當然，也真的是理所當然。

一方面也是兩個女兒年紀相差較多，
我的印象中，她們從小就沒怎麼玩在一起。
但我一直感覺她們的感情很好。
只是有時我會搞不清楚究竟誰才是姐姐，誰才是妹妹？
不過，一旦有什麼事，妹妹也還是會找姐姐商量，
相處得很有默契。

總覺得在這個只有女人的家，
我們之間的距離是奇妙的剛好！

2013/2/14

便當名：一般高中女生

[材料]

- 小蕃茄包鮪魚美奶滋
- 牛蒡炒蓮藕
- 山藥撒紅紫蘇粉
- 明日葉生火腿捲

- 煎蛋
- 魚板
- 炸雞塊
- 小熱狗

給女兒的一句話：

妳根本沒人可以送巧克力！噗！

二月有個重要節日～💗
當然是西洋情人節啊！
任誰都會很期待吧！

大家早安！

你是否也準備好要送人的巧克力了呢？
管他是本命巧克力，還是義理巧克力 ①，
反正就是厚著臉皮給他送出去就對了啦～
這就是情人節的戲碼。
以前我也是有送巧克力給意中人的……

但也不知道什麼時候開始冒出義理巧克力這種東西，
甚至連互相安慰的「朋友巧克力」都出現了……
這麼多種準備起來真的很辛苦啊～

女兒做了將近四十人份的朋友巧克力！
花了好幾個小時……

今天的便當當然也要用情人節的規格處理啊～
上個禮拜，就是二月七號那天，
我用「愛上足球社的他……」做為惡搞女兒的主題，
今天的便當就繼續上週的故事囉！

情人節好輕鬆！
完全不需要另外想便當的梗，就夠讓女兒氣的，噗！

---

① 　在日本「本命巧克力」是送給情人或心儀的人，「義理巧克力」則是送給上司、
　　同事、老師、同學或是好友等等。

女兒打從心底希望我能停掉
每天的怨念便當。

2013 年 2 月 27 日
希望家人停止再做的事

女兒一上學，馬上用 Line 傳了張照片，
是一張寫有備忘內容的紙。
一問之下，似乎是要在國語課上做報告，
主題是：「希望家人停止再做的事」。

女兒報告的內容竟然是
我做的怨念便當。
那個～～怨念便當呢──

我可是不會停止的！！！！🀄

因為，
就是要激怒她嘛！哈哈！

找碴是不會停下來的。
女兒啊，
做這種報告是沒有用的啦！🐷

女兒那安心的笑容是我找碴的動力來源。

2013 年 3 月 14 日
再度開戰……

女兒的考試結束了，我又開始做便當了。

考試期間，

女兒對我說：「這幾天不要帶便當，幫我做飯糰就好了！」

雖然我也想過要用「怨念飯糰」找碴一番，

但因為那天姪子及朋友剛好託我幫忙做便當，

我竟然完全忘掉飯糰也要惡搞一下……

就讓女兒帶了極其普通的飯糰出門了！

看到飯糰是普通飯糰，

女兒帶著滿臉的笑意上學去了。

看到女兒安心的表情，

實在很火大……

不能輸，怨念便當絕對不能停！

我心中暗自這麼決定了。♯♯

就是這個、
這個一般的飯糰……

那副安心的神情
令人很火大

絕·不·停·止

2013/3/15

便當名：妨害睡眠

［ 材料 ］

- ♦ 花椰菜
- ♦ 韓式拌菠菜
- ♦ 山藥撒紅紫蘇粉
- ♦ 煎蛋

- ♦ 涼拌蝦仁
- ♦ 蕃茄煮豬肉
- ♦ 小熱狗

給女兒的一句話：

合計八次，別再搞小型恐怖攻擊了！

嗶嗶嗶嗶♪嗶嗶嗶嗶♪嗶嗶嗶嗶♪

五點前，就有鬧鐘響了。
聲音來自隔著一面牆的女兒房間。
女兒絲毫沒聽到響個不停的鬧鐘，繼續睡她的大頭覺。
才剛以為總算停了，
但是，每二十分鐘左右，鬧鐘就響一次……

別再響啦

響一次還能原諒，但這個鬧鐘一直響到七點半……

大家早安！

一大清早，女兒的鬧鐘就打斷我的睡眠，
搞得我心情很不爽啦
怎會都沒聽到鬧鐘一直在響呢？
聲音明明就還滿大聲的耶！
好想看看女兒腦袋的構造，
怎麼會響成這樣也不知道要關掉

睡眠受到干擾實在很火大，
本來在想要不要拿平底鍋到女兒耳邊敲打算了，
但因為會造成鄰居們的困擾，也就罷手了。

一直在想著要怎樣發洩，
最後想到還是只能用討人厭的便當進攻！！
於是就把我的不爽融入到今天的便當了……

2013/4/27

便當名：100% 保證

〔 材料 〕

- 小蕃茄
- 花椰菜與蓮藕的沙拉
- 山藥撒紅紫蘇粉
- 涼拌蝦仁
- 鵪鶉蛋

- 煎蛋
- 竹葉魚板玉米
- 炸魚塊
- 小熱狗

給女兒的一句話：

運動不夠的妳，想必滿吃力的吧！

啊，明天要早起，
稍微喝一點就回家好了……

嘴上這麼説，
不知為何回到家已經半夜三點了🌀

我沒有忘記便當的事，
但三點也太扯了……

各位早安！

今天明明是星期六，卻要做便當！
為什麼？
就是因為女兒要校外教學啦－－－－－😵

星期六哪裡有做便當這種事啊～
偏偏我又處於休息模式，缺乏幹勁，
再加上昨天喝太多，真是個糟到不行的星期六啊😫

唔，明知早上要早起，
卻還是喝到很晚，這確實是我不對啦……
我就是這麼個行事失控的暴走犯🌀

這次校外教學好像是要去爬八丈富士山？
爬山這種事……我根・本・不・可・能・去・啦～～～🐷
女兒啊，明天妳一定會肌肉痠痛的🌱
便當就是有這個好處，別説我沒提醒妳喔💟

明明收到禮物，
有些事卻讓自己無法完全開心。

部落格文章標題：打工費

4X 歲的生日。

很多朋友祝賀我，

我也收到很棒的禮物。

當然，我可愛 (?) 的女兒們也送了我東西🎵

大女兒在令人懷念的照片上加上裝飾文字 email 給我，

二女兒嘛……

她今天領到了春假打工的薪水，

努力的結果得到一萬三千日圓，不算少的金額。

我精神百倍地傳了一封「一萬三千日圓進帳！！」的 email 給她，

而她給我的回信是：「送給妳！」

？？？？？呃，這是打工費耶？✍

等一下，昨晚我發奮做了煎餃，

但不知是不是平底鍋的問題，全黏在鍋子上面了，

煎餃的外形慘不忍睹。女兒看到後，曾經傳 Line 告訴我：

「生日禮物，就送妳平底鍋囉！」

我一問：「該不會是要我買平底鍋的意思吧？」

她傳來：「沒錯、沒錯！」的回答。

欸……這是她努力賺到的打工費……我不能拿她那麼多錢……

而且，重點是我也不喜歡
平底鍋這種生日禮物啊！

不過我確實需要平底鍋啦……

左想右想後，最後還是請她買給我了 🐛

沒想到這個常常讓人惱怒的女兒竟然也會如此貼心！

愈來愈覺得這個女兒真是
「可教之材」🦅

可是呢！！

平底鍋只要三千日圓，

剩下的錢，她最後竟然還是說了：「還我好了！」

當事人都這麼說了，我也只能說聲：「有這個心意就好」，輕易放過她……

而且後來，她還讓我幫她買了
貴死人的防曬乳 😾

這樣到底對，還是不對啊！？

唉！但實在是很高興女兒會想到我，所以就不跟她計較了 🐛

2013/5/8

便當名：媽媽的心情

[材料]

- 小蕃茄
- 花椰菜
- 蓮藕沙拉
- 獅子唐椒起司
- 山藥撒紅紫蘇粉

- 煎蛋
- 火腿
- 薑燒豬肉
- 小熱狗

給女兒的一句話：

這世界可不是只有好人喔（笑）

好久沒有五點就起床了！
之前每天大概五點左右就會醒來了

大家早安！

昨天學校開始上課了，
一早外面就傳來學生嘰嘰喳喳的聲音，
所以，從今天開始我又要恢復便當人生了。
連假結束，便當當然也跟著開工。
心情很複雜啊，有點開心，又覺得有點麻煩……
但不管心情如何，還是非做不可

之前做的便當都是在發洩怨念、回嗆女兒，
不過昨天女兒竟然讓我感到「她也是很貼心的」！
既然這樣，就不要再激怒女兒，
不要再做怨念便當好了……
我竟然也會出現這樣的念頭。

但是！！
我要教會她「人‧生‧沒‧有‧那‧麼‧好‧混！」
所以還是一樣，我絕不會停止做怨念便當的

不過，由於有一陣子沒做便當，好像有點想不出點子説……
那這次就來個好媽媽便當，抒發一下昨天的心情，
對她表達買平底鍋送我的謝意吧

但我可以想像，女兒一面吃便當，一面説：
「怎麼又做了啦……，吼！煩死了！」

2013/5/9

便當名：晴天的滋潤大使

★便當口字，做法看不见

[材料]

- 小蕃茄
- 花椰菜
- 芝麻拌菠菜
- 燉芋頭
- 沙拉義大利麵

- 竹葉魚板玉米
- 煎蛋
- 魚板
- 炸雞塊
- 小熱狗

給女兒的一句話：

 女兒啊，努力吃吧！！

做點什麼吧⋯
女兒每天都會央求我做點心給她。
好吧！偶爾就稱她的心，做些點心給她囉！
就用她買的平底鍋來做可麗餅吧✧
整個人充滿媽媽愛做著可麗餅，等著女兒回家～

我：「妳回來啦！有點心喔～」
女兒：「什麼？」
我：「可麗餅！要吃嗎？」
女兒：「喔～不用了！剛剛我才和朋友去吃蛋糕回來！」

我那麼發奮做的⋯⋯

大家早安！

每天只要天氣好，心情也會跟著大好♪
但是，最近的天氣好乾燥，讓我快變人乾了啊⋯
誰叫我是乾燥型肌膚，超不舒服的（癢）⋯⋯

為了不會變成「乾媽媽」，拿出我祕藏的保濕法寶！
化妝前、化妝後都「咻地」噴一下，
就會立刻有一點濕潤、又不會太濕潤⋯⋯。
深怕今天天氣也很乾燥，
所以，就用這當今天的便當主題好了。

並且拿出生日時朋友送的雙層便當盒來用，雖然大了點，
果然被女兒念說：「這便當會不會太大了啊？！」
但我還是努力把便當都裝滿！！！！

老媽也搞不清的姐妹關係。
有時兩個人還是會結伴行動。

部落格文章標題：海

「這麼暗，已經睡了吧？」
兩個女兒不知道為什麼一面碎碎念著，一面進到家裡，
其實我還沒睡耶

「因為是母親節～」

啊～～～～～
兩人送了我很棒的禮物！

糟了……太可愛了！

一個是大象屁股樣子的裝飾品。
這個屁股……好像是用漂流木或木頭雕刻的。
很好看對吧～
但是還有一個東西……

仙人掌

禮物

大女兒説：「本來想送花給妳的，但媽，花一下子就枯了，所以就買了仙人掌了～。可是，妹妹卻説：

「仙人掌也會枯喔！」

……

確實，花馬上會枯，仙人掌雖然堅忍，但還是會枯。不過，之前我照顧的那株仙人掌活了四年喔！

沒關係！我會努力照顧它的～

平常讓人搞不清感情是好，還是壞的兩姐妹，只有在這天兩人會一起買東西！

也還是不錯的啦

2013/5/22

便當名：早上太難爬起來

［ 材料 ］

- ♦ 花椰菜
- ♦ 炒牛蒡絲
- ♦ 鵪鶉蛋
- ♦ 水煮蛋

- ♦ 涼拌蝦仁
- ♦ 魚板
- ♦ 炸雞塊
- ♦ 小熱狗

給女兒的一句話： **休想期待還有下次！**

最近幾天總覺得腦子混混沌沌的，
頭好像一直隱隱作痛著☂

大家早安！
今天天氣非常好。

在這種天氣下醒來很幸福。
但我女兒好像都沒差，不管什麼天氣她都起不來！
非得有人叫，她才起得來。
而且就算叫她，也不是馬上起得來。

這是怎麼回事？！✂

明明沒必要設的鬧鐘，一大早就嗶嗶嗶嗶地在那裡響！
既然不起床，就別設鬧鐘嘛！
這麼沒用的女兒，
就用便當讓同學笑妳吧！

明明沒有熬夜，為什麼會起不來呢？！
我是很期待女兒明天自己起來，
但如果沒起來……
就用水槍把她叫起來✂

2013/6/6

便當名：想嗑！！

〔材料〕

- ♦ 花椰菜
- ♦ 魚肉山芋餅
- ♦ 玉米＆碗豆
- ♦ 蓮藕莎拉

- ♦ 煎蛋
- ♦ 魚板
- ♦ 火腿
- ♦ 炸雞

- ♦ 小熱狗
- ♦ 草莓

給女兒的一句話：

BOSS⋯⋯就是妳・媽・我！

梅雨果然要來了……
今天的空氣中有梅雨的味道，
不知是不是受到天氣的影響，心情也陰沉沉的？

是説無論天氣好壞，
有時候心情就是很鬱卒～:.:

誰可以讓我從這種鬱悶的心情中醒過來呢？
這種時候，早上還是得來杯咖啡啊！
就算是苦苦的咖啡也要給它喝下去～
沒心情自己泡咖啡，
所以，誰都行，拜託幫我買咖啡回來……

大家早安！

有沒有方法可以讓不爽的腦子變爽呢？
做女兒的不知道媽媽處於這樣的狀態，
還繼續睡到快來不及上學，實在是……

愈想愈火大，
實在很想到她床上面跳來跳去，
大喊：「有地震！！！」

剛好在想有沒有什麼梗放進便當裡，
於是就出現了「給我喝下這瓶咖啡！！」的怨念～

2013/6/20

便當名：按一次 500 圓

[材料]

- 花椰菜
- 魚肉山芋餅玉米
- 嫩葉菜火腿捲
- 明日鮪魚美奶滋
- 山芋撒紅紫蘇粉
- 炸雞
- 沙拉
- 煎蛋
- 小熱狗

給女兒的一句話：

不准給我忘記喲！

對，因為太閒，我提早結束工作～
要是沒了工作，我的生活會變得如何呢……

大家好！

我那可愛到不行的女兒，
最近開始要求我給她零用錢，
說什麼每個月要給她五百日圓。
五百日圓？！五百日圓……便宜啦ㄟ

但我一吐槽她說，
高中生零用錢怎麼可能五百日圓就夠了ㄟ
她又給我漲到一星期五百日圓……
噗！即使如此，還是好便宜喔✧

雖然很想當作沒這回事，
但五百日圓可以收買女兒！
只是光是請她幫我按下連續劇的錄影鍵，就要給她五百日圓！
也太貴了吧ㄟ
只因為有想看的連續劇看不到，
就拿五百日圓收買，也太遜了吧！

這是哪家的家長啊，真想看他長什麼樣子……ㄟ
呃，就是我啊！ㄟ
今天就試著把這樣的交易做在便當裡，威脅她！
忘記錄的話，五百日圓就飛囉～
是說，用這個便當裡的五百圓，她會幫我的忙嗎？♪

真想看這種小孩的父母長什麼樣子！

部落格文章標題：生日

星期日，大家都過得如何呢？

星期日當然要悠哉地過啊！！
雖然我很想這樣，
但實在有太多事情要做了。

就在忙碌中，竟然發生這種倒楣事⋯⋯

我寶貝的膝蓋
被剪刀的尖端刺傷 1 公分

寬 1 公分
深 1 公分

痛爆了、痛爆了

女兒看到我這樣，

格格地笑了

看到別人發生不幸還大笑，
到底是誰把她教成這樣的

真想看她父母長什麼樣子

嗯？
父母……
就我啊！

我用錯方法教她了嗎

2013/7/1

便當名：小心刀子

[材料]

- 小蕃茄
- 花椰菜
- 牛蒡炒蓮藕
- 通心粉沙拉
- 煎蛋
- 長山藥與梅子的炸肉捲
- 小熱狗

給女兒的一句話：

不要咧嘴笑著來摸我的傷口！

還是好痛🐰

剪刀刺到的傷口，現在都還裂著💢

大家早安！

時間過得真快，竟然已經七月了！
說到七月就想到夏天，
只要梅雨季一過，酷暑就來了！
孩子們當然就只在等暑假了⋯⋯

女兒竟然想摸摸看我被剪刀刺到的膝蓋，
我一定要告訴她刺到有多痛、多可怕！💢

2013/7/23

便當名：☀本的夏天

[材料]

- ◇ 小蕃茄
- ◇ 花椰菜
- ◇ 馬鈴薯沙拉
- ◇ 煎蛋
- ◇ 炸雞塊
- ◇ 小熱狗

給女兒的一句話：

再惹老媽生氣，就把妳燻成肉乾！

暑假剛開始幾天，
本來還很開心終於不用做便當了，
但女兒這星期六和日還是要去學校，
而且好像還有好幾次的返校日……
返校日不只對小孩很困擾，
對我也是啊！

大家早安！
熱呼呼的夏天……大家都過得如何呢？

一講到夏天就想到海。
呀呼～！！！！
很想衝到海邊這樣大喊，
但夏天公司也特別忙……

雖然一講到夏天就想到海，
但也不是只有海啦，
日本的夏天，
當然還有金雞蚊香！

每天晚上，我都得和蚊子奮戰……
我會把蚊子送進惹火我的女兒房間，
然後從門縫一邊偷笑，一邊觀察她的反應。

蚊子停到女兒身上那瞬間，就趁著打蚊子同時打女兒一掌！！
噗！這可是會讓人心情大好地睡上一覺呢！

2013/9/5

便當名：喂～～！

[材料]

- ♦ 獅子唐椒包鮪魚美奶滋
- ♦ 山藥撒紅紫蘇粉
- ♦ 鵪鶉蛋
- ♦ 煎蛋（花）
- ♦ 乾燒蝦仁
- ♦ 小熱狗

給女兒的一句話：

先做功課再喝茶！！

女兒跟我說：「媽，我的讀後心得字數不夠，
沒有寫到規定的字數可是會影響成績！」

……

「所以呢？字數不夠就寫啊！」我悠悠地說。
「為什麼？！」女兒竟然反問我。
「呃，我才要問為什麼咧！」我忍不住想發火。

不擅長作文的女兒，要我幫她忙……
才不過幾十個字，就自己寫吧！﷽
嗯……雖然小時候，我媽媽也幫過我寫啦！

好了，大家早安！
今天同樣要讓我這轉不過來的腦子全面轉起來找梗。

好像要和便當作戰一樣～
神就在這樣的我面前降臨了！

發現一個喝剩下的綠茶罐！
哈哈！我覺得它在叫我～
喂～阿茶！！
所以就做了一隻茶犬①。
問題是這梗女兒懂嗎？！

---

① 茶犬是日本「元氣小茶犬」卡通裡的主角，劇中七隻茶犬各有性格，綠茶犬生
性不受束縛、悠閒慵懶、愛曬太陽及打瞌睡。

2013/10/31

便當名：最後的萬聖節

〔 材料 〕

- 小蕃茄
- 花椰菜
- 韓式拌菠菜與玉蕈
- 南瓜沙拉
- 炸蓮藕夾心
- 小熱狗

給女兒的一句話：

妳以為給我糖，我就會不再「找碴」了嗎？

「Trick or Treat!! 不給糖，就搗蛋！！」

啥米？！有辦法你就惡作劇看看啊
要這樣的話，
那走的時候就把你所有的糖果都留下吧

這幾天整個街上全是萬聖節的東西。
今天是萬聖節慶的最後一天了，
明天起就會變成聖誕節的氣氛吧？

大家早安！
有沒有因為萬聖節心情跟著雀躍？

萬聖節？
那是西洋的活動吧？！和日本人的我可沒關係哩
雖然嘴上這麼説，
但萬聖節真的幫了我很大的忙～

今天做了最後一個萬聖節便當，
這個月是萬聖月，
不知用了多少次萬聖節的梗呢！

這個月的後半，每天都用萬聖節的梗就能找碴，
真的太感謝萬聖節了。

明天起，好像又得為做什麼便當煩惱了，
不知道能否勉強想出點子來……
今後的兩個月，就用聖誕節的梗來找碴吧，哈哈！

2013/11/1

便當名：食慾減退

買わなきゃ…

ボンド

木工用

★一切當中文字三瓶乃三帖膠，木工用

4月白不可

〔 材料 〕

- ♦ 小蕃茄
- ♦ 花椰菜
- ♦ 蓮藕沙拉

- ♦ 紫蘇梅竹輪捲（花）
- ♦ 乾燒蝦仁
- ♦ 鹽燒魚

- ♦ 小熱狗

給女兒的一句話：

不學學姐姐的社交能力……
真的 OK 嗎？

昨天萬聖節好熱鬧喔，大家過得如何呢？

萬聖節？那不是西洋的活動嗎？？
這裡是日本耶！
沒錯，我就是有個會講出這種話的冷淡女兒。

雖然如果沒人邀我，我自己其實也是這種人啦🐱
還好我們家還是有人樂在其中……

大女兒昨天很高調地出現在辦公室中，
手提南瓜包包，戴著黑色魔女帽，
外帶一根怪裡怪氣的棒子。

「Trick or Treat!! 不給糖就搗蛋……」

沒有啦，
她是帶自己做的南瓜餅乾到公司收買人心，
喂喂，也太會做人了吧！

大家早安！
昨天不小心在沙發上睡著，現在全身嘎吱嘎吱作響❄
到現在身體都還有嘰嘰嘎嘎的怪聲，
有一種「如果現在要我跳機械舞，
一定可以跳得非常好」的感覺。

看來不只工作要用到強力黏膠，我的身體也要惹～
快用完了，得趕快去買了。

2013/11/5

便當名：大叔也來祝妳生☀快樂

[材料]

- ♦ 花椰菜
- ♦ 煎蛋
- ♦ 小熱狗
- ♦ 醋拌生魚絲
- ♦ 炸魚塊
- ♦ 小蕃茄包鮪魚美奶滋
- ♦ 火腿

給女兒的一句話：

還不遲喔！給我當個可愛的好孩子！

大家早安！
十一月有小學的運動會，
這可是全島熱鬧滾滾的大事！

本以為活動結束就沒事了，
突然想到還有我家那個小惡魔，喔，不！
是可愛女兒的生日。🎏

沒錯，今天是她十七歲的生日。
我把她養育成一個人見人愛的好孩子……💟

……

並沒有吧！
其實，我是把她養育成目中無人、如有惡魔的小孩……
是我用錯了教養方法嗎？

沒有啊！她和妳一模一樣啊……周遭每個人都這麼講！
你們在說什麼？
怎麼會拿這麼真誠、溫柔的我來比啊！

既然是生日，沒辦法，今天就克制一下～
就別再惡搞她，改做好媽媽便當囉！

女兒，
恭喜妳十七歲了！

2013/11/11

便當名：只露臉一次的杯麵

[材料]

- 毛豆
- 山藥紅紫蘇粉
- 小熱狗
- 獅子唐椒包鮪魚美奶滋
- 煎蛋（花）
- 炒牛蒡絲
- 炸雞塊

給女兒的一句話：

又不是三分鐘就做出來！！

頭痛。
星期六的晚上就開始痛個不停😣

嗯，大家早安！

從星期六開始頭痛就揮之不去，
沒有比頭痛還讓人討厭的了！
到底要不要吃藥……
今天的工作沒辦法請假，
晚上也已經答應別人要幫忙代班了……

誰可以給我讓身體休息的時間啊😫

這種時候當然就是要她們吃泡麵啊，
今天的便當就用杯麵「警告女兒」吧！

外形好像不太像，差強人意～
嗯，形狀這種事管他的😆
不在意、不在意！

杯麵是媽媽的好朋友，
大家都愛吃什麼口味的呢？
哈哈，我是咖哩派😋

2013/11/13

便當名：迅速確實地送達

〔 材料 〕

- ♦ 小蕃茄
- ♦ 煎蛋
- ♦ 小熱狗
- ♦ 花椰菜
- ♦ 涼拌蝦仁
- ♦ 馬鈴薯沙拉
- ♦ 漢堡肉

給女兒的一句話：

要像佐川快遞一樣，在人生中奔馳吧！

朋友約出門喝酒是好事，
但晚上十點就回家，真的假的？！

太早回家會不會讓女兒覺得很煩？
但按照她想像的時間回家也太無聊了，
於是我來個提早回家，
當我小跳步進家門時⋯⋯
女兒卻視若無睹，毫無反應🏠

所以，還是要有個性，
出門不能太早回家啊！

好了，大家早安！

身體好累喲⋯⋯
為了消除連日的疲累，
我把晚上的工作停了兩週，
但還是有不同的工作進來，
到頭來似乎還是休息不了呀⋯⋯🎬
我如果會死，一定是死於過勞吧💢

言歸正傳，今天的便當是，
不知什麼時候換掉標誌的佐川快遞！
什麼時候改的？
不知道也很正常，
因為我們島上沒有佐川快遞啊！🎵🎶

2013/12/3

便當名：tamo 先生發問

〔 材料 〕

♦ 明日葉與蓮藕的沙拉　　　　　♦ 炸雞塊

♦ 茄子絞肉焗烤　　　　　　　　♦ 小熱狗

給女兒的一句話：

不及格有什麼關係？
當然不可能沒關係！

最近幾天，不知道有多少次，不小心在暖桌裡睡著了。

我還常告誡女兒說：
「在暖桌裡睡著會著涼，
要睡就到床上好好睡！」
沒想到講這話的人，自己卻在暖桌裡睡著了……
我真是一個懶散得可以的媽媽啊

也因為這樣，身體才會嘎吱嘎吱地作響。
肩膀、腰，全身好像快散了……

好了，大家早安！
天氣很好，適合洗衣服！
天氣一好，心情就會跟著好？
兩者其實關係不大～
無論天氣好或壞，都和心情沒關係喲！

這學期也漸漸要結束了，再兩天就期末考了。
……女兒有在用功吧？

看不出她在用功的樣子
到底行不行啊！？
實在很擔心這散漫的傢伙，
就用森田一義 ① 的口吻嚇嚇她囉！

---

① 　為日本長壽綜藝節目「笑笑又何妨」的名主持人，每集最後都會打電話突擊下
　　次的來賓。

2013/12/11

便當名：一股勁拚到年底

〔 材料 〕

- ♦ 小蕃茄
- ♦ 煎蛋
- ♦ 小熱狗
- ♦ 毛豆
- ♦ 涼拌蝦仁
- ♦ 山芋紅紫蘇粉
- ♦ 炸雞塊

給女兒的一句話： **妳到底有沒有感謝的心啊？**

大女兒興高采烈地從玄關走了進來，
她那副開心的模樣真是誇張，雖然有點膩……

大女兒説：「這個、這個，給你們送來了喲，
就當成早到的聖誕禮物吧💟」
🍱⚡

這東西……該不會是……
我收下了……禮物🎵🎵

我雖然對名牌沒什麼興趣，
卻有個一看到就愛上、好想要的錢包～
但價錢實在是貴得嚇人了，根本買不起……
講過幾次後，大女兒竟然偷偷存錢幫我買了🐷
真是個好女兒！我好開心、好開心，走路都小跳步了起來🐷
真的，謝謝！我這可愛得不得了的女兒啊！

好了，大家早安！
好久沒寫文了。
我可沒偷懶喲！
女兒考試期間，便當也跟著放假、停做了嘛～

不用做便當的日子真是幸福💟
這樣的小確幸已經結束了，
又要跟便當奮戰，重新開始我的便當人生，
要是可以讓我直接休到寒假就好了……

2013/12/16

便當名：聖誕老人也死皮賴臉

[材料]

- ◊ 花椰菜
- ◊ 牛蒡炒蓮藕
- ◊ 秋葵火腿
- ◊ 通心粉沙拉
- ◊ 煎蛋
- ◊ 炸雞塊
- ◊ 小熱狗

給女兒的一句話：

我先講了！聖誕老人不會來喔！

星期一……
一星期的開始，是星期日，還是星期一？
我以前都以為一週的開始是星期日，
月曆上面也是從星期日開始的，不是嗎？

不、不、不，
是從星期一開始的吧？
有人是這樣說的，
那麼，到底是哪一個呢？

別再那裡鬼打牆了，大家早安！

冷啊……
而且是冷到爆了！
我沒辦法離開暖桌一步。

沒辦法離開暖桌＝在暖桌睡覺。
我常這樣，
所以全身才會啪啪作響💦
這種天氣，早上要爬起來實在很痛苦👻
這時候就要有強大的意志力！✨

從今天起到放假為止，
我都要用聖誕節做便當的梗，警告目中無人的女兒～
不知道會有幾次呢～

Q：小熱狗的臉要怎麼做？

A： 雖然也有一些細微的作業，但只要有臉型的小熱狗，毫無疑問便當盒裡就會熱鬧起來。托這小熱狗的福，我的找碴工作進行得還滿順利的（笑）。

要準備的東西

1. 海苔
2. 起司片
3. 吸管

4. 剪刀
5. 小熱狗
6. 義大利麵（較細的）

製作方法

1. 切出臉的大小

小熱狗先燙過再切。由於切出來就是整張臉的大小，需要考慮到大小適中。

2. 切出鼻子部位

拿另一條小熱狗，用剪刀仔細剪出要充當鼻子的部位。

3. 做出圓圓的白眼睛

把吸管插在起司片上，抽出幾塊充當眼白的部位。

4. 把部位插到小熱狗上

把切出來的臉部插到充當連接部位、切短的義大利麵條上，再插到臉部的小熱狗上。

5. 用剪刀做嘴巴

在臉的小熱狗上直接插入剪刀，做出嘴巴。要小心不要切太深。

6. 用鑷子黏上黑眼珠

把海苔切碎後當黑眼球，黏到起司的眼白上。使用鑷子會比較方便。

完成！

調整表情後，完成！

針對眼睛、鼻子的位置以及嘴型微調後就大功告成。也可以再用昆布之類的東西，加上頭髮或皺紋，就會讓表情更有趣。

Q：摩埃的臉要怎麼做？

A： 這個摩埃像是用現成的模子做的，也就是用來做冰塊的矽製模子。除此之外，還有各類模子，都可以嘗試看看。

要準備的東西

1. 馬鈴薯泥　　　　2. 矽製模子

製作方法

1. 訣竅在於毫無間隙地壓到模子裡

把馬鈴薯泥塞到模子裡。要能毫無間隙地塞進去，才能確實弄得平整，做出要的形狀來。

2. 在盤子上取出來

馬鈴薯泥較軟，要小心弄碎，小心地從模子取出摩埃。

完成！

調整形狀後就完成了！

處理掉多於的部分後，用手指把凹突處弄平，就完成了。也可以用海苔這類東西做出表情來。

Q：人物的顏色是用何種食材做出來的？

A： 做卡通便當時，顏色是讓便當吸引人的關鍵。雖然方法百百種，但我多半是用蔬菜，只要排列蔬菜就行，做法非常簡單。

要準備的東西

1. 紅椒　　　2. 黃椒　　　3. 菠菜

製作方法

1. 只要切碎攤開排列而已

用水川燙一把波菜，可視需要將其切碎

2. 較厚的東西要盡可能切薄、切細

彩椒要切細長一點，再去皮切薄，重點在於要弄成平坦的板狀。

完成！

小心地排好就完成了！

一面想像完成的形狀，一面組合素材排列。
若有必要，也可以再切更細。

2014 年「怨念便當 第三年」： 擄獲女兒心

2014 年，女兒總算成為高三生了，
進入高中生活的最後一年，
她的反抗、叛逆會趨於平靜嗎？
還是會變得更嚴重呢？

在諜對諜的每一天，我繼續做著激怒她的便當。
從結論來說，女兒的反抗並沒有什麼太大的變化，
每天的言行還是一如往常。
我則是持續著有如搞笑劇般的每一天，
時而發怒，時而目瞪口呆，時而捧腹大笑。
不過，這陣子女兒的言行舉止，
開始出現些許變化。

她能夠依賴我的高中生活，再一年多就要結束了，
說真的，我不知道是不是因為意識到了這件事，
她開始有了轉變，讓人覺得她確實「長大不少」。

無論是和朋友的關係，還是學校活動的參與，
她都逐漸展現該有的責任感。

是因為開始思考自己未來的出路了嗎？
我發現，她已經懂得自己思考、自己行動。
雖然她還是會有不知如何是好的茫然時刻，
但感覺得出她慢慢已經有大人的樣子了。

不過，我平常忙於工作，很少有機會和她好好說話、聊聊，
叛逆期也似乎還沒結束，
一切或許也都只是我美好的想像吧～

雖然感受到女兒的改變，
但我還是要繼續「找碴」下去（笑）！

這陣子做便當時，
常常會擔心找不到回擊女兒的「梗」，但還是很樂在其中。
雖然我想教訓她不把我當一回事的心情並沒有變，
但或許我自己的內心也開始有了不一樣的感覺吧！

現在我比當初更想用便當傳達我的想法給她，
「給我早點起來」、「給我用功點」這樣的嘮叨、叮嚀固然很多，
但是我更想跟她分享我的內心感受，
或許是想為她加油，或許是期待她更成熟，
也有可能是女兒再過一年就要畢業了，
將成為獨當一面的大人，讓我感到有些失落吧～

雖然每天為她做的便當充滿我的怨念和嘮叨，她還是一點不剩地吃光；
在我忙於工作或病懨懨時，也懂得幫忙做家事，分擔辛勞，
努力回應她的這些改變，已經成為我不斷努力向前走的最大動力。

女兒雖然還是一如從前，說話毒辣、態度冷淡，
但她已經懂得為想要的結果付出，
我這個不習慣平靜的媽媽，開心之餘，
還是會繼續想著激怒她的梗～

2014/1/14

便當名：雖然很可愛，其實是猛獸

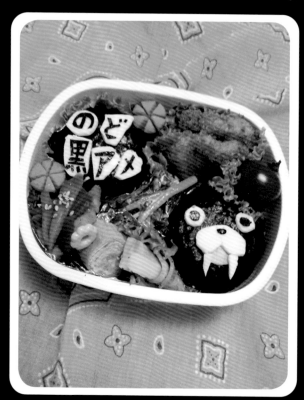

〔 材料 〕

- ♦ 小蕃茄
- ♦ 花椰菜培根捲
- ♦ 小熱狗
- ♦ 明日葉拌鮪魚美奶滋
- ♦ 煎蛋
- ♦ 炸牛蒡絲
- ♦ 炸魚塊

給女兒的一句話：

誰是小豆豆啊！！

哼👊
現在別和我講話比較好！會受傷喔！

今天為了抽血，不能吃早餐……
肚子快餓死了，連呼吸的力氣都沒有了📞
快點讓我吃・東・西！

真抱歉，
一早就讓大家聽我鬼吼鬼叫……

大家早安！

好冷喔！冷到爆！
好想睡覺！想睡到爆！
昨晚、前晚，不知為何都睡不著，
明明很想睡，卻沒法睡……
是我的身體出狀況了嗎？
我勉強移動著出現異常的身體，
讓快關機的腦子醒來，去做女兒的便當……

唉……好想偷懶，但不能偷懶！
腦子結冰，無法運轉，想不出便當的梗～
想來想去，想到了幾天前一直在腦中揮之不去的
「黑色～喉糖～」這句廣告詞。

𝒵

黑摸摸的小海象！

2014/1/27

便當名：五千☆圓鈔票上的人

[材料]

- ♦ 花椰菜
- ♦ 炸蓮藕
- ♦ 馬鈴薯泥
- ♦ 紫蘇起司炸肉捲
- ♦ 煎蛋
- ♦ 小熱狗

給女兒的一句話：

我承認很像，但我不開心！

好……久不見！
我可沒有偷懶喲～

女兒去校外教學，便當當然就不用做了啊！
真是幸福的一星期呀～
五天四夜、奢侈的北海道校外教學。
女兒玩得開心嗎？
雖然她沒有講太多，
但，隱約感覺得出來她很樂在其中。
哪怕記憶模糊，
能夠留下青春時代的快樂回憶比什麼都重要！

好了，大家早安！

結束「無便當一身輕」的好日子，
今天又要開始戰鬥人生了。
好幾天沒做便當，想不出梗。
一面在煩惱有沒有什麼梗、有沒有什麼梗……※
欸？用誰？不可以說出來！
五千日圓鈔票上的人物就是日本知名女性小說家樋口一葉！

至於我為什麼選樋口一葉？是因為女兒對我講過：
「媽，妳很像樋口一葉哩！」
媽自己也是這麼覺得！！
於是，今天就用阿樋小姐激怒女兒囉！

2014/1/27

便當名：去楣運

[材料]

- 韓式涼拌菠菜
- 馬鈴薯泥
- 煎蛋
- 薑汁燒肉
- 小熱狗

給女兒的一句話：

妖怪？那是妳啦！！

我：「那個呢，今天是節分①，是不是該灑豆子①？妳來扮妖怪！」
女兒：「……」
我：「要灑豆喔～真的要灑豆啦！」
女兒：「……」
我：「好想灑～」
女兒：「……」

好了，大家早安！

今天是節分，各位的家裡，也會灑豆子吧？
一大早就悠閒地做了節分便當，
我家的女兒，今年是災厄年！
災厄年……各位會去請人驅魔或去厄嗎？
我自己是沒有特別在意啦，
但去厄這樣的事，還是做一下比較好，所以還是問了女兒。

我告訴她，就算不到神社去，
至少去丟一下梳子或鏡子吧②？
但女兒竟然冷冷地回我：
「什麼事也不會發生吧！」
蛤！
不愧是我女兒，答案一如我的想像
希望女兒的災厄年，
能夠平安無事渡過啊～

---

① 　節分泛指立春、立夏、立秋和立冬的前一天，日本在立春前一天會撒豆驅鬼祈
　　福，這些豆子則稱為「節分福豆」，灑時嘴裡會喊著：「妖怪出去！福進門。」
② 　日本江戶時期的民間習俗。可以把自己貼身的東西，如梳子或鏡子丟在路旁，
　　做為簡單的去厄方式。

老媽為活動做了萬全準備，結果⋯⋯白忙一場。

部落格文章標題：豆～子！！

妖怪出去！！福進門！！！

看吧、看吧，撒豆聲陣陣傳入耳中，

⋯⋯沒有沒有，很安靜！

節分的晚上，我完全沒聽到什麼怪聲音，

一片鴉雀無聲～

家裡也好安靜，

我一個人默默地撒完豆子。

原本心想一定要讓女兒當妖怪，

真的要開始撒豆時，她就⋯⋯

女兒對節分絲毫不感興趣，竟然跟我說：

「撒豆？所以怎樣？」這種態度實在是⋯⋯

惠方捲 ① 也是我發奮做出來的，

她卻當成一般食物吃掉了⋯⋯

---

① 　日本節分時要吃會吉利的捲壽司，內包七種料，象徵七福神。

海苔捲當然要給它變化一下啊！

不然太無聊了啦

不管我說什麼，她都沒反應，
以前，就算我說：「不用撒豆也沒關係喔！」，
她還是會一個人窮開心地撒豆。

長大後，就覺得這種事很麻煩，
對於各種節日都無感。

而且，完全視若無睹。

唉，女兒啊，像這種活動，
你就稍微樂在其中一下好嗎！

2014/2/28

便當名：補充維他命靠這個

[材料]

- 小蕃茄
- 花椰菜
- 韓式涼拌菠菜
- 南瓜煮
- 蓮藕沙拉
- 煎蛋
- 炸雞塊
- 小熱狗

給女兒的一句話：

怎樣，媽媽的嗓門像不像大叔，很厲害吧？

我的聲音到現在還是像人妖一樣，到底怎麼了？
聲音莫名其妙變成這樣，好煩惱～

假如一直都是用這種說話聲，恢復不了的話⋯⋯
想到我就好「挫」喔⋯⋯凸

好了，
大家好！

早上天氣陰沉沉的，
現在卻有春天的氣息。

春天♫♫
春天♫♫♫♫
春天ツ

拜託冬天別再回來了⋯⋯
精力充沛～（奧樂密飲料的廣告台詞）
奧樂密Ｃ～
有時候會想喝得不得了。
今天，就是這種感覺！

便當名：用披薩猛攻

[材料]

- 小蕃茄
- 燙拌菠菜
- 秋葵火腿
- 沙拉義大利麵
- 煎蛋
- 炸雞塊

給女兒的一句話：

我先講，今天晚上也吃披薩喔～

一回神，一下子就星期五了，這星期過得好快啊🍃

這星期有一場家政科三年級學生的送別會，
還有全三年級的送別會。
有的沒有的活動一堆，所以這禮拜不用做‧便‧當！

大家早安！

天氣非常的好呢～
天公真是作媒，送給畢業生這麼好的天氣！
今天是畢業典禮。
喔，還沒輪到我女兒，她還有一年啦😁
所以，今天也不必做便當。可是呢～
我還是做了便當。🎵

大家一定覺得「明明今天不必做，為何還要自找麻煩？」
哎呀，當然就是為了找碴嘛～

昨天中午，女兒和朋友一起去吃飯，
她們點了披薩，午餐當然是披薩大餐，
晚上去打工嘛……聽說有客人請她們吃披薩、喝可樂！
我想她應該飽到現在吧，尤其是看到披薩……

這個好笑，真的有好笑到！
太好了，就用披薩一直進攻下去……
因為這樣，我今天說什麼都要做便當給她，
「我找碴，故我在嘛！」，哈😆

2014/3/14

便當名：聽我的慘叫！

[材料]

- 韓式涼拌菠菜與金針菇
- 煎蛋
- 小熱狗
- 馬鈴薯泥
- 乾燒蝦仁

給女兒的一句話：
有一天妳會懂的，這種痛～

終於風平浪靜了。
昨天天氣像颱風一樣，又下雨，又颳風的……

颱風？！我的臉也像颱風掃過╰╰
自從夏天過後，我的臉崩壞的面積就愈來愈大～
我美麗的臉，喔不……不美麗的臉╬
到底怎麼了呢？……是因為身體狀況不佳導致龜裂脫皮嗎？
還是過敏造成的呢……

因為慘不忍睹的臉而深受打擊的我，
好像遭到抗議大軍追殺，身體許多地方都怪怪的╬

我的腰……我的腰……好痛啊！！
我的身體到底出了什麼問題？！
一個地方接著一個地方，該不會「整組壞了了」……

大家早安！

我不小心睡過頭，
一大早就手忙腳亂的。
女兒考試也結束了，今天又要做便當了。
好久沒做便當，而且我又睡過頭，實在沒幹勁……
那就來偷工減料一下吧╬

喔，我的腰……
女兒一面咧嘴笑著，一面戳我的腰，
我的腰真的好痛啦 — — —

便當名：來自松子的賀辭

[材料]

♦ 毛豆

♦ 馬鈴薯沙拉

♦ 炸雞塊

♦ 小熱狗

盛開的櫻花季已接近尾聲了，

大家是不是都去賞花了呢？
我們島上沒有賞花的習慣，
或者該説，山櫻很多，但那個不叫賞花？
不對，不對，
可能只是我對賞櫻興趣缺缺而已，
還是有櫻花可賞？！

喔，不管是哪種情形，點心確實比花實際，酒又比點心實際！
至於酒，我沒有特別喜歡的就是了ʊ

好了，大家早安！

又是很久沒跟大家説近況了，
女兒順利升了一個年級，新學期開始了，
新學期開始，當然也代表我的便當人生也重新開始了⋯⋯
不必做便當的幸福日子結束了啊！

但是，像這樣想逃也逃不了的便當任務，其實也只剩一年了，
我一定要繼續樂在其中！！

今天便當為何要做松子①？！
唔，不要生氣，不要生氣🤚

①　日本藝人松子 DELUXE，經常男扮女裝，以評論辛辣聞名。

便當名：昨晚的大叔

[材料]

💧 昆布

💧 鮭魚片

受大叔歡迎好像也不能怎樣～

女兒去打工傳來這樣的 LINE：
「外國人在唱歌～」

我：「他唱歌的話，那你跳個舞吧！」
女兒：「不要，他一邊在彈吉他～」
我：「那你就彈鋼琴，跟他來個大合奏！」
女兒：「不要，他很享受自彈自唱哩！」
怪怪的外國人……？！

好了，大家早安！

昨晚女兒在打工的餐廳遇到了神祕的客人，
一問之下，好像是在那裡辦現場演唱，來宣傳新專輯的明星，
當天晚上的客人都超好笑的。

今天則是有個大叔説：「哇，能吃到瑞士捲好幸福喔～」
還有説話喜歡「勞英文」的歐吉桑。

我：「？！她叫你大柴小姐？！」
女兒：「不是，那人對我説 Señorita（西班牙文的小姐）」
小姐？有趣～
我腦中浮現了女兒咧嘴笑著回應的樣子。

昨天和今天都不必做便當，
但女兒想吃飯糰，
我就來讓他回味一下昨晚的怪叔叔好了，噗！

便當名：天蠍座的女人（17歲）

便當盒內文字：
サソリざ
6位よ

[材料]

- 燙拌菠菜
- 炸蓮藕
- 煎蛋

- 乾燒蝦仁
- 小熱狗
- 馬鈴薯沙拉

給女兒的一句話：

今天的運勢不是大好就是大壞哦！

哈囉～大家早安！

天氣很好，應該會是心情很好的一天吧……
但現在的心情其實很糟啊！

怎麼回事？每次便當一沒梗，
就會想要偷用星座運勢充數，
所以囉～女兒是天蠍座女生，
今天的運勢是第六名。
嗯～不好不壞～

用這麼不好不壞的排名當成便當梗，
好像也怪怪的，
不過都快來不及了，
就別管這麼多了吧，
乎伊去啦!

2014/4/18

便當名：遷怒便當

〔 材料 〕

- 小蕃茄
- 紫蘇梅竹輪捲
- 小熱狗
- 韓式涼拌菠菜
- 煎蛋
- 蓮藕沙拉
- 漢堡排

給女兒的一句話：

 把一半的焦慮送給妳～

今天，一點幹勁都沒有啊⋯⋯
理由？問我理由，也沒什麼特別的理由啦～
沒有睡飽的感覺、夢到奇怪的夢、情緒很不 High⋯⋯

嗯，大家早安！

下雨了，下雨了。
偏偏又碰到我心情低落的時候，
這種時候下雨真是糟得可以，
完全沒心情做便當⋯⋯

女兒房間的門微微開著，
跑去偷瞄了一下，竟然睡得那麼香甜，完全不省人事。

火大、火大⋯⋯超火大的
「給我起來！」很想講這話，把她拍醒！
但我沒那種精神⋯⋯

既然這樣，就用便當出擊啦！！
就讓妳被同學笑吧！
來人啊～
哪個好心人幫我把幹勁的開關打開啊！

2014/4/23

便當名：視力檢查

[材料]

- 炸雞
- 煎蛋
- 茄汁通心粉
- 蓮藕沙拉
- 小熱狗
- 毛豆

給女兒的一句話：

功課不好，至少視力要優良！

哈囉，大家早安！

雨天。
下雨天的頭髮，呈現抗議狀態……

真好看！什麼？我有燙頭髮嗎？
喂！我沒燙頭髮啦！
就算拉直頭髮定型，
頭髮還是會亂掉，東翹西翹的
沒有辦法能解決嗎？唉！

新學期，學生也很忙，
心臟檢查、健康檢查、體力測定……一堆有的沒的檢查。
今天聽說她們花了一天的時間，
做健康檢查，還有體力測試哩！

既然這樣，
就用健康檢查便當表達我對女兒的同情！
右、左、右、左下……
看到便當她該不會講出：「右斜四十五度角」吧！？噗！

2014/4/25

便當名：黑柳徹子的房間

[材料]

- 韓式涼拌菠菜和金針菇
- 牛蒡炒蓮藕
- 沙拉義大利麵
- 魚板
- 煎蛋
- 炸雞塊
- 小熱狗

給女兒的一句話：

給我變成可以去節目當
來賓的大咖吧！

嚕～嚕嚕♪嚕嚕嚕……
哈囉！大家早安！

嗯，今天呢，天氣很好，是個適合遠足的日子……
有聽出來嗎？我是學黑柳徹子 ① 的口氣跟大家打招呼啦🐦

一大早就耍白癡，真抱歉影響大家心情！😆
今天不但做了女兒的便當，
也幫忙做了讀小學的外甥和姪女的便當。

他們今天遠足好像是要到海邊看沙灘藝術，
應該很好玩吧😈
多了兩個便當，一定要動作快才來得及，
內心好焦慮，才會有點 High 過頭説～

那時想説只是多做一、兩個沒什麼差別，就爽快答應了……
但要做三個完全不同的便當，實在很累人啊❄

唔，好歹趕上時間，把便當送出去了，
如果他們開開心心地回來，我會很高興的。
至於女兒的便當，來不及做，現在才要衝去學校補送，
就像披薩送到家一樣，我要在教室外面大喊：
「女兒！便當送來了！」
嚇死她✋

至於女兒的便當……
真的太嚇人了，她可能會食不下嚥喔，噗！

---

① 　為暢銷書《窗邊的小豆豆》作者，亦為長壽節目「徹子的房間」主持人，説話
　　極具個人風格。

[材料]

- 花椰菜
- 小蕃茄包鮪魚美奶滋
- 山藥灑紅紫蘇粉

- 茄汁通心粉
- 味噌炒茄子與青椒
- 鵪鶉蛋

- 煎蛋
- 炸雞塊
- 小熱狗
- 毛豆

給女兒的一句話：

別忘了！老媽的生日快到囉～

啊～啊～啊啊啊～啊啊啊～♪
我的媽呀～我臉上的脫皮還沒有好……

乾裂的臉老是好不了，
我的臉到底發生了什麼事呢？
如果就這樣好不了，
我美麗的臉龐誰賠得起🎀
啊，對不起我說謊了！
我只是想稍微將「美麗」這類的字眼用在我身上而已啦😣

大家早安！

四月也漸漸接近尾聲，五月的黃金週在等著我囉～
黃金週……該不會有人已經開始在過了吧？！
無論是假期較長的朋友，還是還沒有開始休假的朋友，
希望大家都能過個充實的黃金週喔🎶

那我呢？
像我這麼上進的人怎麼會過黃金週這種東西！
當然是認真渡過每一天！
沒有要去旅行，工作也不會請休，
一切照常！

嗯，要說有什麼差別的話……
就是我的生日剛好在黃金週啦，
因為多了一歲，當然要好好慶祝啊～

便當名：很像吧！

[材料]

- 小蕃茄
- 紫蘇梅竹輪捲
- 煎蛋

- 炸魚塊
- 小熱狗
- 馬鈴薯泥

給女兒的一句話：

妳有看過這麼溫柔的鬼嗎？

這傢伙是睡美人嗎？！
還以為自己是睡美人，睡到不省人事！
我也想要睡成這樣！！

一邊斜瞄著睡死的女兒，
一面洗衣服、打掃家裡，然後去上班。
女兒啊～
你到底知不知道體諒工作忙成這樣的我呀！

今天也不用做便當，但還是幫她做了便當。
因為曾經被人説：「妳真是溫柔的好媽媽呀！」
所以我只好一直裝成溫柔的媽媽，
試著用我最溫柔的聲音跟女兒説聲「早安！」

但是……工作回來後，跟她説早安，
她竟然都沒回應！

女兒只回我：「誰？」
我説：「老媽呀，不然是誰！」
女兒竟然還回嗆：「不是早安吧，現在都快中午了耶！」
這麼講也對吧！妳這傢伙起來的時間，
絕對不是説「早安」的時候！

是説，我那麼溫柔道早安，真是自討沒趣。
在女兒心中，我和溫柔一點關係都沒有，
她在 LINE 裡面幫我取的暱稱，既不是我的名字，也不是媽媽，
而是「妖怪」！！！

……什麼妖怪，我哪有那麼可怕啊……🏃

我的生日竟然把它當成 垃圾日來慶祝！

「垃～圾！垃～圾！垃圾垃圾！」

五月三號那天，女兒傳來了簡訊。
五月三日是垃圾日 ①。
沒錯，五月三號也是我的生日。
雖然她是要祝我生日快樂，但是，

「垃～圾」這訊息……

二女兒傳來的訊息就是不正經…令人超火大的！
大女兒也傳來了訊息……
「happybirthday! 祝妳永遠美麗～」
我想訊息一定是這類字眼吧，結果一打開……

附檔是一張我的大頭照，

而且修圖修得很詭異！

不，不會吧……

以前小時候，
他們不是都會送我可愛的禮物和感人的信嗎！？

---

① 　日語中 5 和 3 合起來的發音（GOMI）和垃圾發音相同。

長大以後，她們送我的生日禮物就變得愈來愈不可愛了……

竟然還有什麼「因為今天是垃圾日……所以就送妳垃圾袋②」這類氣死人的話！

垃圾袋確實好用啦，但送我垃圾袋當禮物也太超過了吧！！！

而且，我本來還以為今天會全家一起渡過……

二女兒竟然說：「啥？生日這種東西又沒有什麼意義，

所以沒有禮物 」

並且就這樣結束了。

一直期待女兒會帶著笑臉溫柔地對我說：「生日快樂！！」

但是到現在都沒有收到……

唉，沒錯是我一相情願的期待，她們根本不可能會講吶！

妳的生日……給我記住了……

---

② 日語「袋」的發音與「母親」的暱稱相同。

2014/5/12

便當名：母親節

[材料]

- 小蕃茄
- 韓式涼拌菠菜與金針菇
- 半片魚板毛豆
- 馬鈴薯沙拉
- 煎蛋
- 牛肉壽喜煮
- 小熱狗

給女兒的一句話：

母親節禮物，我很期待的～

女兒從 LINE 傳來一句：
「漢堡肉裡有保鮮膜，這是找碴嗎？」
蛤？我沒放那種東西啊⋯⋯
我好像不小心將保鮮膜的碎片一起包入漢堡肉中了，
但既然都説是找碴便當了，當然就是故意放的不是嗎（。-∀-)
所以最後就告訴女兒是找碴啦，結案😌

好了，大家早安！
昨天星期日是母親節，
各位的母親節過得如何呢？

可愛的女兒是否對我説了聲謝謝，
並獻上盛開的康乃馨，
或是幫我做晚飯？

哪有這種好事啊�﨟

我女兒搞不好根本連母親節都沒聽過，
看到「母親」這個字以為跟她完全沒關係，
我還癡癡的等，真是阿呆⛩

我知道期待是沒用的，
所以當然要用便當明示女兒昨天是母親節啊！！

便當名：喜歡哪個部位？

[材料]

- 小蕃茄
- 明日葉與蓮藕沙拉
- 山藥紅紫蘇粉
- 紫蘇梅竹輪圈
- 煎蛋
- 炸雞
- 小熱狗

給女兒的一句話：

不吃魚的話，就把妳做成肉丸子喲！！

常有朋友送我魚，
有時候我也會狂買魚，買到可以辦鮮魚祭了！

能夠吃到新鮮的魚真是人生一大享受哩✧
生魚片、涼拌、鹽燒、燉煮、油炸、香煎，還有包成壽司……
吃法實在很多種♬

但我們母女兩人昨天這麼對嗆：
我：「今天吃魚喲！！」
女兒：「不‧想‧吃！！」
我：「啊？！就是吃魚！！」
女兒：「不‧想‧吃！！」

……這個歌詞應該有聽過吧？✦
吃魚不是可以讓頭好壯壯嗎？✦✦

女兒：「魚我也吃過啊，但頭腦也沒變好不是嗎？」◔
會變頭好壯壯的那首歌……
小朋友可是會信以為真而大吃的……請別破壞他們的夢想◔

好了，大家早安！

二女兒比較愛吃肉，不喜歡魚。
雞、牛、豬，若問她愛什麼，
她會回答氣死人的話：「不會卡在牙縫的肉！」
卡在牙縫的肉？
這和我問的有什麼關係！◔

便當名：吐真話

[材料]

- 毛豆
- 馬鈴薯沙拉
- 日式炒牛蒡絲
- 白蘿蔔苗火腿卷
- 煎蛋卷
- 香煎雞肉
- 小熱狗

給女兒的一句話：

讓我睡覺！我也是人耶！

啦～啦啦～啦啦～♪　老媽～你看～

阿嬤叫大女兒幫忙吸地板，
太詭異了……哪有人這樣用吸塵器的……
都二十二歲了……大女兒跟小女兒不一樣，很愛假鬼假怪🙄
如果要我列家族怪咖排行榜，她絕對是第一或第二！

蛤？競爭對手是誰！？那還用說嗎～
就・是・我😈

所以，我們家最正經的……
是那老愛跟我做對的二女兒🐑

大家早安！

這種天氣有夠像梅雨季節，
梅雨……該不會真的進入梅雨季了吧！？
陰沉沉、濕答答……
我們這裡本來就是潮濕多雨的小島，實在～粉難受啊！

頭髮翹得亂七八糟，又黏搭搭的……
除濕機全力運轉又會讓電費狂飆……
唉……想到電費就「挫勒等」……

便當的字是相田光男①的詩嗎！？不不、不是啦！
只是模仿他寫字啦～
我也是人啊！也會愛睏嘛……
阿母我好想大睡特睡啊———————😵

長女

① 　相田光男為日本詩人及書法家，以平易近人的詩句與獨特的書法字體聞名。

121

2014/5/22

便當名：很不熟的成語

[材料]

- ♦ 小番茄
- ♦ 蘆筍火腿卷
- ♦ 小熱狗
- ♦ 涼拌菠菜鴻喜菇
- ♦ 煎蛋卷
- ♦ 蓮藕沙拉
- ♦ 薑汁燒肉

給女兒的一句話：

妳不會好好念一下那幾個字嗎？

好噁心喔……，女兒一邊説一邊在旁邊偷笑著。

🎬💨

我：「喂———！！那是老媽的欸💨」

女兒：「啥？不是有兩個嗎🍪」

我：「不！雖然有兩個，可是是我要吃的欸，
而且其中一個咬過了喔……。那個……是我、你媽的點心！」

那是我最愛吃的小熊餅乾，還給我！🍯

大家早安！

大清早就被人家偷吃最愛的小熊餅乾，
心情有夠差的……

唉……完全提不起勁～。既然這樣，乾脆直接睡覺算了，
説～是這麼説，也不能真的跑去睡覺，
還是得照常工作啊！✋

這句話是幫女兒寫的：
「一心不亂」！

提醒她專心做一件事，不要分心，想些有的沒有。
沒錯！！明天起就要考試了，
要專心念書準備考試啦———！！！✴️
但是不可能吧……我從來沒看過她專心念書！

不過，她到底知不知道，
「一心不亂」這句成語的意思啊？

2014/5/30

便當名：裂掉的液晶螢幕

【 材料 】

- 小番茄
- 明日葉沙拉
- 煎蛋卷
- 醃漬蝦仁
- 鹽烤鯖魚
- 小熱狗

給女兒的一句話：

有二就有三，給我小心點！！

捐血🎵捐血🎵
「我們去捐血，讓身體造新的血吧～！！」
於是就和朋友一起去捐血了。

護士：「你的血不能捐喔……」

啥！？這——是什麼意思！？🎦🎣
我的外表有問題嗎！？不會吧！怎麼可能啊！？
要是用外表來判斷，那就太傷人了啊🎆

朋友：「不會啦，沒有人會這樣說啦～」🍃🍃

就是說嘛～🎴
不對，有個傢伙肯定會這麼想……
我女兒一定會認為是我的外表有問題！
我看起來明明這麼溫柔啊———🎴
她一點都不覺得嗎！？🎴

不讓我捐血的原因是因為我臉上塗了藥啦！
興沖沖跑去捐血，什麼也沒做就被趕回來了，
本來想拿贈品再回去，但這樣不就成了紀念品小偷嗎！？

大家早安！

一大早就頭痛……
不知道是偏頭痛，還是緊張，
正煩惱著要怎麼把吃藥時間錯開……

手機螢幕裂了，拿去送修了，
現在在等店家打電話通知我可以去拿替換的手機～
這是第二次摔壞手機螢幕了，希望不要再有下一次。

便當名：小江江①也夢妳加油

[材料]

- ♦ 綠色花椰菜
- ♦ 紫芋
- ♦ 醃漬蝦仁
- ♦ 毛豆
- ♦ 鵪鶉蛋
- ♦ 蓮藕沙拉
- ♦ 火腿

給女兒的一句話：

跳舞的重點是動作俐落啦！

説到運動會，不是上天堂，就是下地獄吧ᐁ
今天是女兒學校的運動會～

不但必放的歌曲沒播，
還有很多沒有就不叫運動會的項目都沒出現，
然後就這樣結束了⋯⋯

但，最慘的是我曬傷了ᐁ
難道要我當紅鼻子麋鹿嗎！？
而且，還是不合季節的紅鼻子麋鹿啊ᐁ
這麼丟臉，叫我怎麼走在路上⋯⋯

把我美白的錢還來—————ᐁ

大家晚安！

唯一值得感謝的是天公作美，讓運動會圓滿結束。
這是女兒高中生涯最後一次運動會，她是不是玩得愉快呢？

嗯，至少她看起來很開心，
尤其是看到女兒久違的舞姿，
光這點就讓我覺得這次的運動會超讚的！

咚—————！！

我的加油聲，
有沒有傳到她那裡去呢～ᐁ

---

① 日本搞笑藝人江頭 2：50 的暱稱。

便當名：睡眠不足詩

[材料]

- 綠色花椰菜
- 茄子佐柚子醋
- 馬鈴薯沙拉
- 煎蛋卷
- 蕃茄醬炒豬肉
- 小熱狗

給女兒的一句話：

真想像連地震都吵不醒的妳……。

咕咕～咕咕咕咕……

不要聽……千萬不要聽……

咕咕～咕咕咕咕……

晚上睡不著的時候，千萬不要聽這種叫聲啊！
杜鵑鳥的叫聲在半夜根本就是魔音嘛！
是誰說杜鵑叫聲很美妙的？

要是繼續聽下去，根本不用睡了，
完蛋了……聽了就完蛋了！
因為整個晚上不用睡了……

大家早安！

我昨晚就是聽了杜鵑的叫聲，
整個晚上都沒辦法睡覺，沒睡飽的人生是黑白的……
大家都知道吧！？杜鵑鳥應該沒人不知道吧！

「杜鵑若不啼，吾將設法善誘之，使其自然啼……」

阿秀先生 ①……千萬不要讓牠叫啊～
不然你會後悔的！

我也用杜鵑鳥提一句詩吧！

「整夜叫不停，吵到沒辦法入睡，惱人杜鵑鳥。」

把睡眠時間還給我—————————

2011/6/16

便當名：佛祖的神諭

［ 材料 ］

- 涼拌豆芽菜鴻喜菇
- 四季豆鮪魚沙拉
- 煎蛋卷
- 炸雞塊
- 小熱狗

給女兒的一句話：

小心變成大佛頭喔！

兩點多時突然醒過來，
搖搖……晃晃……，搖啊～搖的！

我沒有超能力，但是不知道為什麼，
我竟然可以在地震來之前就感覺到天搖地動！

雖然不是每次都這麼準，但是這種情況還滿常發生的。
「在搖喔，真的在搖喔！」
大概就是這樣的聲音會一直在我耳邊重播，
我的身體裡該不會裝了一台地震探測儀！？

大家好！

在下跟前天一樣，沒睡飽……
地震過後，從遙～遠地方傳來的杜鵑鳥叫聲，
又把我的魂勾走了……，根本還來不及逃，
就被帶進杜鵑鳥的國度去了

我很不甘願，準備跟杜鵑鳥來個人鳥大決鬥，
可是卻敗得一塌糊塗
今天晚上到底能不能睡覺啊～

我沒睡飽，女兒卻睡得十分香甜，
會不會睡太多啊？

我一定要讓她知道偶爾早起也是不錯的！

Part08

史上最找碴的華麗舞步，
老媽就是有辦法讓妳無條件投降！

2014 年 6 月 19 日　部落格文章標題：勝利

要不要跟老媽去買東西？

女兒：「不～要。」

為什麼～？走啦～

女兒：「不～～要。」

好～啦～！走～嘛～

女兒：「為什麼一定要跟妳去啊？」

……

我當場跳起舞來～

女兒竟然說：「煩死了⊰」

欸欸
你看看、你看看！♪♪

女兒：「……。」

你看嘛～♪

女兒：「……。」

這樣好了，

你要繼續看老媽的舞步，

還是要跟老媽去買東西！？

女兒：「買東西……。」

我贏了……🐝
是說……

有人竟然不想看我的華麗舞步，
女兒大人，這是妳的損失喔！

2014/6/24

便當名：強力推薦走路上學

[材料]

- 涼拌高麗菜
- 蓮藕沙拉
- 青蔥火腿卷
- 煎蛋卷
- 茄汁蝦仁
- 小熱狗

給女兒的一句話：

妳的零食費要在高中畢業時
一次給我付清喔！

悉窣……啪嗒～

悉窣……啪嗒啪嗒！

還沒發出悉窣聲……就有個人影出現在眼前，
「啪嗒」一聲把零食放進我的購物籃裡。
回過神來，發現女兒已經把好幾包零食放進籃子裡了

我：「那，誰要付錢？」
女兒：「等一下再付啊！」

你會付才怪咧

你不是有打工賺錢嗎—————
每次都這樣騙我，害我的錢包愈來愈扁。

大家好！

明明不是晴天，外面怎會那麼刺眼
眼睛被閃瞎了……

「不要輸給雨，不要輸給風……」
這是宮澤賢治 ① 叫來的風吧？

希望女兒今天識相點，也給我走路去上學！

---

① 　日本昭和時代早期詩人、童話作家、農業指導家、教育家、作詞家。

便當名：小江江再出場

便當中文字：迎え は NO

[材料]

- ♦ 綠色花椰菜
- ♦ 蓮藕拌梅子
- ♦ 涼拌菠菜

- ♦ 秋葵火腿卷
- ♦ 煎蛋卷
- ♦ 炸雞塊

- ♦ 小熱狗

女兒的一句話：

**妳不是說女人要嬌◯滴滴的」啊，
所以下雨天妳就走路去吧！**

便宜的雨傘真的很容易壞，常常在狹小的玄關裡，
莫名其妙突然「啪」的一聲爆開來，
千萬要小心便宜的雨傘啊！！

在這梅雨季節，絕對不能沒有雨傘，
可是，我們家的雨傘特別容易不見……
例如颱風時，才幾秒就聽到「啪」的ㄓ一聲，
整個雨傘像被恐怖攻擊，瞬間消失無影。

或者是……
女兒借給朋友＝沒有歸還＝不見了🎬ㄓ

不知道她們是忘了，還是根本不想歸還，
總之，借出去的傘再也沒有回到我們家相聚……

大家早安！

梅雨季了～
悶到爆、陰沉沉、濕答答的梅雨……
沖繩的梅雨季節是不是已經結束了呢？
好想大喊：「好棒哦……夏天了耶，夏天來了耶！
美麗的大海，我來了！」

我們島上的梅雨季還沒完沒了，
能不能快點結束梅雨，讓夏天早點來啊……

今天，星期五、雨天。
儘管如此，還是要鄭重對女兒說，
拜託妳自己走路回家吧！！

2014/7/11

便當名：25 年前的記憶

［材料］

● 鮭魚

給女兒的一句話：

繼櫻桃之後，接著要強迫推
銷蘋果哦～

女兒：「媽，能不能不要為了出清櫻桃，
就把它放進便當裡？」

😑💨
被發現了……

我：「哪有啊　我想說偶爾當甜點吃也不錯啊！
才把它放進便當裡的～」
女兒：「絕對是為了出清存貨吧😓」
我：「……」

常常有人送我櫻桃，多到幾乎可以開櫻桃祭了，
我只好連續好幾天都在便當裡放櫻桃，
藉機強迫在家不吃櫻桃的女兒吃下去，
不然根本沒辦法吃完啊！

不過，連續放好幾天是我失策了😙

大家早安!

颱風走了，天空又是一如往常……
我天真的以為會是晴空萬里的好日子～

結果卻是又悶又濕的天氣😣
頭髮也爆炸了啦😓💢

今天的便當好懷舊喔～
大概只有我自己才感覺得出來吧……。

2014/7/14

便當名：公雞錶

[材料]

- 美乃滋鮪魚沙拉
- 海帶

給女兒的一句話：

我們家可沒有禮物制度喲！

跟朋友喝酒喝得正開心時，「叮咚」，女兒傳了 LINE 給我。

她傳了一張照片，
跟我要四個月後的生日禮物
以下是我們母女倆的 LINE：

女兒：「生日送手錶就好了！」
我：「不會吧……還早欸！」
女兒：「快了～再四個月！」
我：「還早咧～」
女兒：「可以先買啊～」
我：「還有預支的喔？」
女兒：「我每天都要過生日，所以每天都給我禮物吧！」

生日都還沒到，竟然要先拿禮物！？
還每天都要

大家早安！

昨天，女兒傳 LINE 給我說想要生日禮物，
而且想要的是手錶！

不對吧
對妳這個早上爬不起來的人來說，
需要的不是手錶，是公雞吧♪
手上的公雞如果叫了，妳就會乖乖起床了吧

2014/7/15

便當名：山下大畫家

[材料]

◆ 鮭魚

◆ 海帶

給女兒的一句話：

給我帶著飯糰出門闖蕩去！

女兒：「如果要看病，一定要去東京的醫院比較好。」

我：「蛤？」

女兒：「真的啦，一定要去東京的啦！！」

竟然這麼擔心老媽啊……

女兒：「老媽去醫院呢～，我就順便去東京的遊樂園玩啊！」

原來目的是這個啊！？根本不是在擔心老媽我啊😤

大家好！

最近不知道在忙什麼，到現在才更新部落格～

我從去年底一直煩惱著原因不明的肌膚異常情況，

雖然有去看一個月只有兩次的人氣皮膚科門診，

但是完全沒有改善啊😢

去東京的醫院真的比較好嗎……

但是，我們這裡也算是東京不是嗎😌

今天的便當呢，

吃・飯・糰・就・好！

我怎麼這麼棒想到飯糰！那就做啦😚

說到飯糰，當然就一定要來個山下清先生囉①

---

① 　生於 1922 年到 1971 年，日本的天才畫家，有「日本梵谷」美譽，生前愛吃飯糰。

便當名：克里斯①也這樣說

[材料]

- 醬汁涼拌菠菜
- 義大利麵沙拉
- 玉米
- 煎蛋卷
- 茄汁蝦仁
- 小熱狗

給女兒的一句話：

妳肌膚走下坡的日子不遠了喔！！

我：「你看老媽的臉，會不會好不了啊……」
女兒：「因為妳老了啊……😤」
我：「老媽看起來會不會很胖啊……」
女兒：「妳本來就胖胖的啊😤」

……拜託，說話不要那麼狠——😤

大家早安！

梅雨不知道跑哪去了，連續好幾天都是好天氣。
天氣好當然不錯，但是也別那麼熱嘛……😤

我的肌膚狀況還是沒有改善，
害我都不想照鏡子了🦷
不但狀況差，也失去原本的水潤光澤😤

因為天氣好，很容易流失水分……
我的皮膚根本是沙漠化了啊！沙・漠・化😤✳
保持滋潤很重要的～

講到沙漠，就會想到駱駝，
講到駱駝……就會想到藝人克里斯松村 ②

女兒仗著自己年輕，完全沒在保養，
我要用美魔女的身分警告她，肌膚保養是很重要的……。

---

① 　日本搞笑藝人クリス松村（Chris Matsumura）。
② 　日本綜藝節目主持人島田紳助在節目中頻頻揶揄松村長得像駱駝。

145

2014/7/21

便當名：雷公大人

〔 材料 〕

- 小番茄
- 玉米
- 日式炒牛蒡絲

- 白蘿蔔苗火腿卷
- 煎蛋卷
- 炸山藥肉卷

- 小熱狗

給女兒的一句話：

想讓老媽用雷劈妳嗎？

146

女兒勤快地折著白襯衫，
心想真是貼心哪～
後來説是要借給朋友才折的啦

借給朋友？
不對吧，朋友自己也有白襯衫吧

該不會是找工作面試時要穿的白襯衫？
平常上學都要穿的白襯衫，
為什麼要跟別人借呢？

真是個謎……
實在是搞不懂現在的小孩到底在想什麼啊

大家早安！

劈啪作響的雷聲把我吵醒……
我還想多睡一會兒啊

這是在通知説梅雨結束了嗎？
是説雷公大人也太認真工作了吧～

梅雨一結束，就正式進入夏天了呢！

標題：

[材料]

♦ 美乃滋鮪魚沙拉

給女兒的一句話：

妳偶爾也要像碳酸氣泡一樣嗨嘛！

哼哼哼～嗯哼哼～

穿著慶典上要穿的浴衣，
大女兒蹦蹦跳跳闖進二女兒的房間，

房間裡只有大女兒的歌聲，
魔音穿腦似的一直重播，
哈哈……肯定沒人理她吧！

敗興而返的大女兒，
脫下浴衣就回去了。

嗯，二女兒……你的心情……我懂～
很煩喔！真的很煩哦！
但是不要掙扎了吧，誰叫她是妳姊姊……

大家晚安！

今天女兒還是放假，不用去學校。
不像我忙得團團轉，
她肯定一整天都是悠～哉、悠～哉的吧♬
悠哉悠哉……（氣），小孩子真幸福哪……

可口可樂熱量 ZERO ！！ 我的幹勁也 ZERO ！！
很亂的一篇感想，不過也管不了這麼多啦♬

便當名：什麼味道？

[材料]

♦ 美乃滋鮪魚沙拉

給女兒的一句話：

聲音和工作都要馬力全開！！

我：「喂，稍微透露一下妳們在文化祭攤位上的菜單吧？」
女兒：「咦！？你不知道嗎？」
我：「我哪知道！？ 你又沒跟我說」
女兒：「我有貼在臉書啊，還以為妳知道呢」
我：「還說呢，我又不知道妳的臉書，所以，菜單到底是什麼啦？」
女兒：「調味醬加芝麻油喔，呵呵呵呵呵……」

大家早安！

好熱啊！今天也很熱啊
熱到都快變人乾啦……

不知道是不是累積過多疲勞……
一直很想喝能量飲料，
burn ！！

真好奇它的味道……

今天二女兒也開始在我的公司打工了！！
好好期待吧，我不會只在便當裡找碴喔（笑）～
我會以前輩的身分嚴格教導妳的

2014/7/30

便當名：有精神的話……

〔 材料 〕

● 鮭魚

● 海帶

給女兒的一句話：

要我變成摔角選手豬木，
賞妳一巴掌，灌注鬥魂嗎？

女兒：「大家辛苦了，我先走了～」
竟然把安全帽戴在棒球帽上！？然後說要回去了？
女兒：「呵呵呵☆」

女兒臉上帶著賊嘻嘻的笑容，早一步離開了打工的地方！
千萬不能讓人家發現那是我那「搞怪」的女兒啊☆

大家晚安！

今天，兩個女兒和我一起在同一個地方打工，
不停地烤餅乾，還是來不及給客人……

到了八月又更忙了，
她們能跟得上嗎……？只能卯足勁好好加油了☆

豬木 BOM-BA-YE ！！灌注幹勁！！①
女兒打開便當盒蓋，又默默闔上蓋子。

給我吃下去————！！！
這是我的地盤，女兒只好無奈地吃下去，
今天當然也很努力工作☆

因為平常很少跟兩個女兒聚在一起，
所以趁著工作空檔我們拍了好多紀念照呢～

---

① 「Bom ba Ye」為剛果的林加拉語，意思是「幹掉對手」，原是拳王阿里的出場曲，
後來阿里十分讚賞摔角選手豬木的表現，便將這首出場曲送給豬木，成了豬木
的招牌配樂。

便當名：烤肉先生

[材料]

- 醬汁涼拌菠菜
- 炒蛋
- 薑汁燒肉
- 小熱狗

給女兒的一句話：

不去 BBQ，就沒晚飯吃喔！！

「媽～，爸爸以前叫妳小香嗎？」
女兒突然傳 LINE 問我這個。
我：「那麼久了，我哪記得啊！為什麼這樣問？」
感覺好恐怖⋯⋯，該不會發現情書了吧！？📽
這時候，女兒傳了一張圖片給我⋯⋯

是我們當年念高中時寫在照片背後的情話🦋🦋
我不能說寫了什麼，不過，被女兒發現了，
超害羞的👾

女兒繼續在壁櫥裡翻找，看著以前的照片捧腹大笑～

有她自己的照片、姊姊的照片，還有我小時候的照片，
比較之後她說了一句話：
說起來還是媽媽年輕的時候最糟糕！
哈哈哈、哈哈哈⋯⋯😸

笑到肩膀一直抖的女兒⋯⋯
笑吧！妳就笑個夠吧！
等妳哪一天結婚，
我會把妳慘不忍睹的照片全部秀給大家看👼

大家晚安！

今天要在朋友家 BBQ 🎶
我已經用便當問女兒要不要去了，結果她到現在還在猶豫～
再不決定就不等妳啦🦋🦋
今天我要吃個飽，喝個夠！！
老媽先出門了哦✋

2014/8/20

便當名：解出謎底才能吃

[材料]

- ♦ 小番茄
- ♦ 日式炒牛蒡絲
- ♦ 炸雞塊
- ♦ 涼拌菠菜
- ♦ 煎蛋卷
- ♦ 小熱狗

給女兒的一句話：

偶爾也要動動腦啦！

女兒：「ㄅ……。」
我：「✋欸？」
女兒：「ㄅㄛ……。」
我：「什麼？✋」
女兒：「……。」

別這樣啦，不要因為我這個樣子，
就以為老媽的耳朵有問題喔！
是妳的聲音太小了啦

結果還是不知道她到底要說什麼，
女兒就去學校了……

女兒的聲音本來就很小。
拜託妳嘴巴張大一點，大聲喊出來
不然的話，今年的生日禮物，
就送妳擴音器吧

大家早安！

今天是久違的暑假返校日，女兒的腦袋瓜大概還在睡吧～
既然這樣，就要讓妳的腦袋清醒啊！！知道嗎

2014/8/21（三）
昨天的便當猜謎，似乎讓大家想破頭呢
女兒是否也一樣傷腦筋……
她什麼都沒說……應該是連看都不看就直接吃了吧！？
接下來為各位揭曉便當的謎底，答案是「空」

香媽家的日常生活

被慘無人道的事情
耍得團團轉。

2014 年 8 月 23 日　部落格文章標題：明明是星期六～

「我明天要去學校。」

女兒半夜傳來這個 LINE。

這種事情，

幹嘛不早點說啊？

半夜才傳 LINE

妳知不知道
世界上還有別人這回事！？

還有，妳那天殺的 LINE 害得我睡眠不足

明明是星期六，竟然跟我說要去學校，
還說要帶便當……

我難得可以好好睡一覺的。
心情超差啊
一大早就爬起來做便當，
等一下送女兒出門後，我一定要睡個夠

158

放學後叫她自己走回家吧～！

正打定主意時，
我好不容易做好的便當⋯⋯

女兒：「我說要吃午餐，
沒說要帶便當喔 ：」

⋯⋯

竟然把便當放著就去學校了

我那麼早起來幹嘛⋯⋯

把我的睡眠時間還給我

2014/8/27

便當名：不行喲！不行不行！

[材料]

- 蛋
- 火腿起司

給女兒的一句話：

小心大都市裡的誘惑喔！！

船要開了喔～～～～，嗡～。

今天呢，我女兒要跟朋友，
一起坐船到東京玩！！
可怕的是，這是一場毫無計劃的旅行🎥
完全沒有規劃，走到哪玩到哪的放空旅行？

真可怕😓
女兒從來沒有一個人搭過電車，
沒問題嗎……？真有點擔心😓

大家晚安！

女兒要去一趟四天三夜的旅行，可是只背著一只背包就出門了，
竟然只背一個背包💨她是不是搞錯了？
她以為只是去附近買東西而已嗎？
公主果然異於常人啊……

送女兒出門後，我一個人渡過了寂寞的夜晚，
雖然在家她老是惹我生氣，
可是她不在家又覺得寂寞……笑我吧😓

「別在東京玩得太瘋了！不行喲～不行不行～」
知道吧？最近很流行的！電氣連合的朱美妹妹 ① 的名言。
看了朱美妹妹後，
我突然默默對朋友伸出了✋

幹嘛！？
你想吃啊🀄

---

① 　出自日本搞笑團體日本電氣連合中的未亡人朱美妹妹系列

我又沒求妳，幹嘛硬要跟我談條件？

2014 年 9 月 7 日　部落格文章標題：這樣的話～

這個也要吃完喔

女兒：「這樣的話，那妳幫我削梨子」

……

吃東西跟梨子是兩回事吧
快點給我收拾乾淨

女兒為了遂行自己的目的，

非要跟我談條件不可

你是小孩子嗎！？

女兒：「梨子不吃會爛掉喔！
快點幫我削吧೭」

梨子不會那麼快爛掉的⌗

想吃，自己不會削梨子啊⌗

說到這個，今天的午餐有附甜點，
是擱在冰箱很久的海綿蛋糕失敗品，
直接吃一定不好吃……，
所以乾脆把它大改造成巧克力慕斯蛋糕吧✦

要是改造成功，
女兒就不會發現那是做壞掉的海綿蛋糕了，
呵呵♠
我非常滿意自己的傑作，可是……

女兒：「你知道我不喜歡慕斯吧⌗」

廢話少說，給我吃下去⌗

2014/9/12

便當名：一整條

[材料]

♦ 蔬菜沙拉

♦ 鱈魚子醬

♦ 小熱狗

給女兒的一句話：

卡路里超標，讓妳肥死！

我：「去幫我買包裝紙！」
女兒：「這個可以嗎？」
我：「多少錢？」
女兒：「60 日圓。」
我：「找的零錢呢？」
女兒：「咦！？」
我：「咦！？」
女兒：「啊哈哈哈哈哈哈哈哈……」

……

我錢包裡的零錢，
就這樣被烏走，變得愈來愈少🦐

大家好！

今天的便當……是女兒特別要求的，整條吐司便當！！！！！
啊，這是我以前在大女兒念書時做的，
因為懶得做便當，就用剛出爐的吐司當做便當～

二女兒從國中時期就很嚮往這種便當✨

其實她只要求吐司配美乃滋而已，
但是我怎麼可能乖乖照做呢！呵呵🦐

掀開蓋子✋ 裡面是這樣！

女兒為了籌備文化祭，好像要待到晚上七點？嗯，加油吧！
我還額外做了沙拉 🎵摩埃石像也來幫她加油打氣🐌

2014/9/26

便當名：醫生拜託……

〔 材料 〕

- ◊ 醬汁涼拌菠菜
- ◊ 義大利麵沙拉
- ◊ 小熱狗
- ◊ 日式炒蓮藕
- ◊ 煎蛋卷
- ◊ 紫蘇梅竹輪卷
- ◊ 炸雞塊

給女兒的一句話：

明天開始小菜全是魚喲！

我：「走，去醫院吧！！」

女兒最近差點因為貧血而昏倒，
一問之下，她似乎常常這樣☄

擔心死了，趕緊帶她去醫院，
到底是什麼原因？

我：「妳……最近看起來好像瘦了，難道是營養不良！？」
女兒：「因為妳只讓我吃魚啊☄」

什麼啊☁☁ 吃魚對身體很好啊☁☁☁☁
不愛吃魚，只愛吃肉的女兒，找盡各種理由拒絕吃魚☄
大家說吃魚是不是對身體很好啊～！

女兒：「都是老媽害的……啊———哈哈哈哈哈☄」

……

抽血檢查的結果，沒有貧血，也沒有營養不良。
那是成長失調嗎？唉！沒事就好♡
幸好不是營養不良……☄

大家好！

不知道是不是受到颱風影響？
或是氣壓變化的關係，我的頭一直痛……
頭痛，真痛苦……☄

女兒剛放完三連休。今天上完課，明天、後天都放假……
所以今天要帶便當嗎！？
既然這樣，今天幹嘛不放假啊～☄

2014/9/30

便當名：鮮魚攻擊週

[材料]

- 南瓜沙拉
- 日式炒牛蒡絲
- 獅子唐青椒
- 火腿卷
- 煎蛋卷
- 照燒鰤魚
- 小熱狗

給女兒的一句話：

鮮魚季到了喲，萬歲！

大女兒：「唉呀，拿出活力嘛！
妳笑最好看了，笑一個嘛🎵」

被她這麼一說，結果不想笑也得笑了

大女兒難得出場一次✨✨
我一直搞不懂這孩子的舉動，
才剛現身，又跑去妹妹的房間玩起小道具～

大女兒：「喂！！ 老妹快點拍下來貼在臉書上！！」
……
一臉無奈，心不甘情不願拍照的妹妹，
一臉滿足，離開房間的姊姊……

搞笑功力還真是一流啊
只是大女兒就算拿掉搞怪的眼鏡，看起來好像都沒差，
不知道是不是我的錯覺……

大家好！

長女

天氣非常好，這種天氣去野餐最適合了啦！
話雖這麼說，我是不會去野餐的———

喜歡吃魚，還是吃肉？小女兒絕對是食肉派！
昨天我在便當裡放了鹽烤鯖魚，
她竟然原封不動給我帶回來了

我才不管妳是不是食肉派，就是給我把便當裡的飯菜全部吃光！
本來我是不會連續好幾天都放魚，
但實在太令人火大了，所以今天也繼續用魚出擊了

女兒以為她是女王啊！叫我做東做西，還嫌東嫌西！不！是魔王才對！

2014 年 10 月 8 日　部落格文章標題：魔王……

女兒召喚我去接她。

她最厲害的就是，
將 Line 的貼圖用得淋漓盡致

只不過……

老媽我沒那麼閒跟她閒扯淡啊！

因為工作很忙，
根本沒空去接她，
本來不想理她的，
可是外面下雨了，只好去接她了

每次都這樣，把這當成理所當然，
不停使喚我。

完全都不考慮別人感受的女王……

說是女王，

不！她根本是魔王啊──。

雖然很火大，卻又覺得這樣的女兒，

也是有點可愛啦……

所以每次我還不是一邊碎碎念，

一邊乖乖去接她了

身邊的人都罵我太寵她了！

可是沒辦法，

我就是個蠢媽啊～

這輩子被女兒

耍得團團轉

便當名：重點是怎麼念

[材料]

- ♦ 日式炒蓮藕
- ♦ 紫芋
- ♦ 秋葵火腿卷
- ♦ 煎蛋卷
- ♦ 甘煮雞肉洋蔥
- ♦ 小熱狗

給女兒的一句話：

腦袋是用來思考的啦！！

大家好！

颱風走了，一片晴空萬里～
女兒說第 20 號颱風不知道會不會來！？
如果真的會來，還真是壞消息啊！
颱風……拜託別再來了

女兒大概很希望放颱風假吧！
腦袋瓜一定還在睡啦～
看我怎麼叫醒妳那睡糊的腦袋！！

久違的猜謎便當，知道怎麼念嗎？♪♫

_____

2014/10/15（三）

是的！！
昨天的猜謎答案是：

「夢話」————

猜不出來？？

「言」橫躺表示睡著說話，
而睡著說話當然就是說夢話♫
以上是想破頭的猜謎便當，
敬請期待下回猜謎便當囉

★便當中文字：左：朱美妹妹
　　　　　　　右：夢話

便當名：會不會念啊～

[材料]

- ● 義大利麵沙拉
- ● 獅子唐青椒炒柴魚片
- ● 紫蘇梅竹輪卷
- ● 煎蛋卷
- ● 番茄醬炒豬肉
- ● 小熱狗

給女兒的一句話：

絕望的未來，就在眼前了喔！

「叮咚！」正在工作時，女兒傳 LINE 來，
我納悶地看了一下，
女兒：「今天晚餐要吃咖哩烏龍麵喔！」
我：「妳不是才剛吃完午餐！？」

才吃完午餐就立刻跟我說晚餐的菜單，
到底是有多想吃咖哩烏龍麵啊😆

本來不想理她，但她纏功一流，
昨晚只好煮咖哩烏龍麵了。

而且是很有咖啡館風格的咖哩烏龍麵喔🎶
幹嘛那麼費事……隨便煮煮就好了啊🎶
那傢伙心裡一定這樣想吧✋

昨 天 的 晚 餐

怎麼可能隨便煮煮啊！！
我們……前一天又沒有吃咖哩，
竟然要我煮咖哩烏龍麵🍵

大家好！

女兒已經進入月考期間了，
卻完全沒看她在念書🎶
不知道是老神在在，還是早就給我放棄了……
親愛的女兒啊，這句話送給妳囉：

「勤奮刻苦！」

人生要刻苦耐勞，勤奮向學！！知道嗎—————！！

女兒最擅長顛倒是非黑白，
大言不慚使喚我！

2014 年 11 月 18 日　部落格文章標題：天氣好得很

來

接

我

女兒一個字一個字打出
使喚我的文字。

什麼啊？
哪有人這樣傳 Line 的。

是在下咒語嗎？

這種咒語，
對老媽不管用啦

話雖這麼說，結果還是中了女兒的咒語，
乖乖去接她了

女兒一聲不響坐進車子裡，

我試探地問：

「今天會騎機車去打工吧？」

女兒：「可是今天有下雨耶⋯⋯」

下雨？？

晴空萬里欸!?

下什麼雨⋯⋯明明是晴天

根本沒下雨，

女兒卻堅持有下雨。

外面天氣好得很。

還是妳的心裡，

正在下大雨？

2014/11/25

便當名：全都很冷

【材料】

♦ 綠色花椰菜　　　♦ 燉南瓜　　　♦ 醃漬蝦仁

女兒：「一起去買東西吧！」
我：「我不去。」
女兒：「為什麼！？」
我：「沒錢，不想去！」

女兒：「有什麼關係，走啦～」
我：「我・不・去！」
女兒：「不用買啊，跟我去就好了啊～」

哦……妳女兒真貼心，那麼想跟媽媽在一起啊～

你若這麼想就大錯特錯了！
其實還不是要我買零食！
千萬要小心女兒的甜言蜜語笑

大家好！

早上好冷喔，早上起床愈來愈痛苦了，
真希望一直窩在暖烘烘的棉被裡睡覺……

今天的便當裝入我一堆怨念：
早上很冷，我的錢包「也很冷嘛」，
啊～女兒啊，能不能給我一點零用錢啊～

便當名：現在超想吃

[材料]

- 綠色花椰菜
- 日式炒牛蒡絲
- 鹽烤雞肉
- 炸地瓜
- 半熟蛋
- 涼拌菠菜
- 小熱狗

給女兒的一句話：

話說回來，妳以前是愛哭鬼耶！

被問家人的優點，
這種事實在很難說出口啊～

但我想起大女兒國中時，曾經在「年度大事」的作業中，
寫過「家人的優點」。

☆媽媽的優點
- 很會發飆。
- 發飆時雖然很恐怖，但是她會罵到我瞭解為止。

☆爸爸的優點
- 離婚之後，爸爸就不住家裡了，但是對我們很溫柔。

☆妹妹的優點
- 堅持哭到底。

堅持哭到底？
「堅持」用在這裡似乎有點怪……
大女兒覺得這一點很不錯嗎！？😅
小孩子的看法和理解方式果然很有趣。

大家好！

早上超想吃茶泡飯。

咚鏘♫咚鏘♪咚鏘鏘咚鏘♫
用雷鬼的節奏來表現吧！
超想吃茶泡飯的！！
茶泡飯包裝的顏色和雷鬼的代表色，還真像哩！

2014/12/2

便當名：2014 流行語大獎

[材料]

♦ 小番茄 　　　♦ 通心麵沙拉 　　　♦ 小熱狗

♦ 涼拌菠菜 　　♦ 煎蛋卷

♦ 炸蓮藕 　　　♦ 茄汁蝦仁

給女兒的一句話：

跟我討走路費？既然這樣，那先給我接送費！

182

女兒：「雞蛋 300 日圓。」
我：「300 日圓😲那個蛋是高級的黃金蛋嗎？」
我心想不可能那麼貴，一問之下她才給我嘟嘟囔囔說出原因。

女兒：「那是走路費🐝」

一邊跟我要買雞蛋的錢，還開口跟我要走路費……
女兒啊，你還是人嗎👹

大家好！

每到 12 月就感到特別忙碌，
大街小巷也都動了起來，
尾牙、聖誕節，還有準備除舊布新……
電視節目也都染上了過年氣氛呢！

流行語大獎出爐了！！

得獎的是「不行喲！不行不行～」和「集體自衛權」。
感覺集體自衛權還是比較威猛勒！😆

不知道安倍先生會不會看到我這個便當……
嗯，管他的🎵

---

① 　　 日本首相安倍晋三於 2014 年 7 月 1 日通過解禁集體自衛權決議案。

2014/12/2

便當名：圖解！重點在這裡！

[材料]

- ♦ 海帶
- ♦ 梅子

給女兒的一句話：

至少要知道聖誕紅怎麼說吧！

女兒：「來接我。我要拿波……什麼的東西回家。」

是是……
我們家的女王又再召喚我了！
不過，那個波什麼東西的是啥？？

波……波……？ 是波英瑟其亞（聖誕紅）吧？！
這個時期絕對少不了的花～
就像聖誕節＝波英瑟其亞。紅配綠，呵呵～
這是聖誕節的代表色呢♫真不錯～好～可愛呀～♡

女兒從學校帶回來波英瑟其亞，
為我們這個沒有半點聖誕節氣氛的家，
帶來了聖誕節氣息✨✨

大家好！

入冬第一道強烈寒流似乎來襲了？
嗯，冷死了啊～連我們八丈島也很冷❄

我今天要上食物設計課，沒空做便當，
女兒說想吃飯糰，我就做了雙飯糰便當！

女兒昨晚喊胃痛，
所以沒吃晚飯，沒關係嗎？

雖然不知道為什麼胃痛，不過按摩穴道會好一點！！
舒緩胃痛的穴道是「中脘」！
按下去！！按了就好！！！ 希望……她胃痛早一點好啊🙏

2014/12/5

便當名：打倒流感

[材料]

- 小番茄
- 燉南瓜
- 秋葵
- 炸紫蘇鮪魚卷
- 通心麵沙拉
- 煎蛋卷
- 炸魚
- 小熱狗

給女兒的一句話：

自己的身體自己顧！！

我先説明一下！！
所謂的鬼⋯⋯就是妖怪，
有勇猛、強壯、豪邁、怪物的意思～

旁邊是女兒用手機傳 LINE 給我的畫面！
是的，她，又要吃地瓜～
到底是有多愛吃啊

不過，撇開這個不談，
我女兒竟然把我的帳號名稱改成「鬼」！
竟然把這麼溫柔的媽媽説成是鬼！
怎麼看我都是女神吧

嗯，在她眼裡，我應該是巫婆吧！
不過，這樣也好

大家好！

肚子快餓瘋了，
都能聽到肚子裡傳來咕嚕咕嚕的叫聲，
是要填飽肚子呢？還是要忍到晚餐呢⋯⋯
還是先喝水吧♪

流感好像開始流行了？
得流感⋯⋯很痛苦的啊
一定要以防萬一，千萬不要染上流感！！

用茶漱口似乎不錯～
女兒大人，回到家要先用茶漱口喔

女兒的 LINE 畫面

2014/12/8

便當名：聖誕老婆婆松子的碎念

〔 材料 〕

- ♦ 秋葵火腿卷
- ♦ 日式炒牛蒡絲
- ♦ 義大利麵沙拉
- ♦ 煎蛋卷
- ♦ 羅勒炒雞肉
- ♦ 小熱狗

給女兒的一句話：

誰跟妳說我跟她很像!?

以下是吾家女兒的説明書：

◆大女兒◆
・比想像中正經。
・最常說的話→「欸！老媽～」
・很愛吃，請多餵食。
・定期餵食蔥花鮪魚，她就會給你最燦爛的笑容。
・很怕寂寞，請溫柔對待她。

◆小女兒◆
・正經八百。
・最常說的話→想不起來（笑）。
・愛吃地瓜，吃了似乎也不會放屁。
・不吃冰會有點不爽。
・獨來獨往型，但身邊還是有人陪伴。
・人畜無害型，因此人緣不錯。
・總是浮現不懷好意的笑容。
・愛捉弄人，可是也出乎意料的喜歡被捉弄。
・請多捉弄她，她會露出可愛的笑容。

咦？怎麼沒有媽媽説明書！？
這個嘛……就無可奉告囉🎭

大家好！今天是憂鬱的星期一，
又是一個早上就讓人提不起勁、度日如年的星期一。
啊……每天都是星期天該有多好……

因為女兒正在期中考，
我只好替她去打工，
早上工作，晚上還得替女兒代班……我歹命啊🎭

唉～呀，這樣我哪有時間做晚飯啊🎆
哇哉，生氣也沒用，用松子的口氣抱怨一下也好！

快去做晚飯啦！

2014/12/11

便當名：嘴巴張大一點！

［ 材料 ］

- ◊ 燉南瓜
- ◊ 鵪鶉蛋
- ◊ 小熱狗
- ◊ 醬汁涼拌菠菜
- ◊ 煎蛋卷
- ◊ 蓮藕沙拉
- ◊ 鹽烤鯖魚

給女兒的一句話： 做人身段不要太高！

我：「喂，考得怎樣了？」
女兒：「（小小聲……）」
我：「喂，考得好不好啊？」
女兒：「（小小聲……）」
我：「什麼✋😵」
女兒：「（小小聲……）」

你聲音那麼小，聽不到啦✨
大聲一點！！大·聲·說！✨

我這女兒惜字如金。
雖然偶爾會開金口，但聲音小得讓人聽不見！
她喉嚨的構造可能沒辦法大聲說話或大聲喧鬧……？
她跟朋友說話也這麼小聲嗎？
真是「出頭」一堆的怪女兒。

如果可以，真想把她放在小箱子裡，
觀察一整天。

大家好！

女兒妳給我大聲念出來吧！！

切記！做人要：身段放低，音量放大！！

如果聲音還是這麼小……
我真的要送擴音器給她當聖誕禮物了✌

2015 年「怨念便當 第 4 年」： 從對決中畢業

今天是女兒畢業前最後一次做便當，
一方面很開心：「我的便當人生終於要結束了！」
但另一方面又有難以形容的惆悵與失落：
「我今後再也不用每天做便當了嗎……」

「找碴」原是我做便當的動力來源，
也以為結束後應該會有完成任務的快感，
可是我卻有著難以言喻的失落，
連自己也很驚訝，但不管怎麼說，
持續做了三年便當，連自己也覺得自己實在不簡單啊！

至於女兒，這三年中一直被我找碴，
她究竟是怎麼想的呢？很想好好問問她，
但她應該只會回我一句「煩死了」吧！？
不過，老媽我可是很開心哦！

從年初到現在要做今年最後一個便當，
感覺就像馬拉松賽跑進入最後的衝刺一樣，
雖然想裝進便當裡的話實在很多，
但還是以最簡單直接的方式傳達給女兒了。

就算到最後，我都沒有偷工減料，
始終用最初的熱情做著便當，
心裡也默默倒數這些即將成為回憶的日子，
不知女兒是否感受到我的失落與不捨？

有時一面做便當，
一面也會想著女兒畢業後的發展，
或許從小看著我從事餐飲工作，

她好像也想朝餐飲業發展。

她似乎夢想成為一名調酒師。

其實我也想過以後要開一家屬於自己的餐廳，
因為女兒或許會希望將來能跟我一起工作吧！
但這其實是我自己的幻想啦（笑）。

說到這個，兩姐妹小時候跟我說過各自的夢想，
兩個人都想開蛋糕店。最讓我開心的是，
她們還附加了一句：「長大以後一定要跟媽媽一起工作！」
當時我感動地心想：「這夢想真棒！好可愛的女兒啊！」

可是……

小女兒在幼稚園畢業之前，
都還嚷著未來要和媽媽一起開蛋糕店，
怎知在畢業典禮當天被問到將來的夢想時，
她卻突然自信滿滿、不加思索地說：「我以後要當牙醫！」
說完便一臉得意地下台了……。

現在想想，她應該從那個時候開始就進入叛逆期了吧！
我是不是應該早一點「找碴」啊……（笑）？
事實上，我也不很清楚她真正想做什麼，
才會很珍惜那段美好的回憶，
總在心裡期待著：「她還是會想開一家蛋糕店吧？」

但是不管未來她的夢想變成什麼，
我還是會一如往常，默默守護著她。
雖然不知道將來會如何，但希望她能成為堅持原則的大人，
為自己人生留下值得回憶的經歷。
這一直是我微小但深切的期待。

便當名：還在繼續

2015
初弁当

[材料]

- 涼拌菠菜
- 馬鈴薯泥
- 日式炒牛蒡絲

- 煎蛋卷
- 小熱狗
- 炸雞塊

給女兒的一句話：

要我停止找碴，怎麼可能（笑）！

愈來愈近……愈來愈近……
女兒畢業的日子……🐝

之前心想還有一年，
但這一年很快就過了……

不知不覺，只剩下沒幾天了，
不僅女兒即將高中畢業，我也快要從便當人生中畢業了！
日子真的過得很快啊～

大家好！
寒假結束了，我又要開始做便當了。

雖然又開始做便當，
但心裡卻知道只能再做幾次便當了……
有些惆悵，又有點欣慰……🍱

這便當是我很早就想做的，
Terry 伊藤先生 ① 🐛

2015 年第一個便當，
就由他開始吧！！

我要努力做所剩不多的便當💙
直到最後也要開開心心，
而且還是要全力找碴！！！！

① 　本名為伊藤輝夫，為日本知名導演、電視製作人、藝人、評論家及作家。

2015/1/22

便當名：最後的碎念～之一～

〔 材料 〕

- 涼拌菠菜與紅蘿蔔
- 馬鈴薯泥
- 炸蓮藕
- 半熟蛋
- 烤牛肉
- 小熱狗

給女兒的一句話：

爸媽不是妳的僕人！！

送我去、來接我、幫我○○××……
什麼都叫別人做，實在很任性！
儘管對女兒的要求很火大，
我還是都一一照辦😤

小孩子就是這樣食髓知味，
頤指氣使的把爸媽當成僕人使喚！
真是可怕的生物啊～
不過，以後就沒機會這樣任性了，
一旦踏出社會，日子可沒那麼好過😓

離開爸媽後，凡事都要自己來，
再也不能像學生時代那樣任性了！
殘酷的現實正在未來等著妳哦！！
女兒啊，知道嗎！！！！

大家好！

女兒獨立的日子愈來愈近了。

雖然女兒沒有要離開家、搬到外面，
不過，她總有一天會為了自己的夢想而離家吧！
離開家裡……想想就很寂寞呢……
不會再聽到女兒指使我的任性話，
畢竟每個人都是這樣長大的呀～
女兒啊，以下是媽媽給妳的最後一句碎念：

「人生不可能盡如己意！！」

嗯，經過現實的殘酷考驗才會長大哦！

便當名：最後的碎念～之二～

無駄と思うことを本気でやれ！

[材料]

- 小番茄
- 綠色花椰菜
- 日式炒蓮藕
- 燉茄子
- 煎蛋卷
- 奶油起司茄汁蝦仁
- 小熱狗
- 迷迭香烤雞肉

給女兒的一句話：

認為沒有用才會讓努力白費！！

世上有許多我們認為無用的事情，
我們也會耗費許多時間去做這些無用的事情，
但真的是白費力氣嗎⋯⋯？
應該有不少人這麼想吧！

「說了也沒用！做了也沒用！」

這是女兒常說的話～
嘴裡這麼說，可是沒做又怎麼知道？
不做做看怎麼知道有沒有用！
做了才知道到底有沒有用啊！

和女兒不一樣，
我是什麼都想嘗試的那種人。

大家好！

對於自認為無用的事情，
女兒只會嚷嚷「沒用～沒用」，一點也不想做做看！
被這樣的想法綁架大腦，
不覺得人生很無趣嗎？

不要這樣說，有時候試試看也不錯啊！

「無用的事情也要認真做！」

當初認為無用的事情，
總有一天，一定會派上用場

2015/1/26

便當名：最後的碎念～之三～

[材料]

- ♦ 日式炒牛蒡絲
- ♦ 紫芋
- ♦ 明日葉美乃滋鮪魚沙拉
- ♦ 半熟蛋
- ♦ 炸鮭魚
- ♦ 小熱狗

給女兒的一句話：

夢想不是用來幻想，是用來實現的！

日子過得真快，
從女兒上高中後就一直做著便當激怒她，
喔不，是激勵她，明天終於是最後一次了。

女兒不愛吃早餐、晚餐，也不愛吃飯，
我便用自己的方式讓她維持飲食均衡，
在便當中攝取足夠的營養。

一開始是為了找碴才開始做怨念便當，
卻在不知不覺間成了母女倆溝通的管道，
讓我每天都做得很開心，但明天就是最後一次做便當了……

大家好！

各位有沒有夢想呢？
擁有夢想是很棒的一件事，
有夢想的人看起來總是神采奕奕✧

女兒小時候也有夢想，
幾年前想成為專業舞者，現在則是想當調酒師～
喂喂，調酒師這一行可是服務業喔！
沉默寡言的妳，能勝任這份工作嗎！？

雖然我會擔心，但是懷抱夢想，
並朝著夢想努力前進的態度真的很棒！
但要記住喔，夢想不是用來幻想，是用來實現的！
誰要是對妳的夢想有意見，就對他說：
「也去實現夢你的夢想吧！！」

希望老媽將來能喝到妳調的雞尾酒哦♪

2015 年 1 月 27 日（二）
「怨念便當」最終日

恭喜妳從便當人生畢業了，
非常謝謝妳三年來如此配合，
一直吃著我親手做的怨念便當。

從妳上高中後我就開始做便當，
這段期間雖然漫長，但也是一眨眼就過了。

妳心裡一定常想：
「我都念高中了，為什麼還做這麼『搞剛』的便當給我吃？」
就是因為妳進入叛逆的青春期，我才想到做便當。

每天做便當就已經是讓人不想幹的苦差事了，
製作怨念便當所花的時間和心力更是加倍。

當初為了逗妳生氣才做怨念便當，本來打定主意，
如果妳喜歡的話，我就不做了，
可是妳一直沒說喜歡，感覺上還滿討厭的。
所以，做便當就成了一場戰爭，而且是我跟妳的決鬥。

然而，持續作戰的過程中，它成了我的樂趣……。

一想到妳打開便當蓋時一臉不屑的「嘖」，
還有朋友笑著看妳吃便當的模樣，
我就覺得非常、非常開心。

儘管平常不能為妳做些什麼，
但是忙碌的時候、或是酒喝太多、宿醉難受的時候，
我依然努力做著便當，這就是媽媽對妳的愛。

妳教會媽媽許多事，
媽媽也透過便當表達對妳的感謝。

媽媽在做便當的三年期間學到了許多，
相信妳在這三年來也成長了不少呢！

雖然妳平常話不多，
也沒有刻意展現出來，
但是媽媽從日常生活和學校生活中，
都感覺到妳的成長。

雖然妳還有許多地方需要改進，
但是看到妳成長，媽媽也放心了一些。
妳真的一點一點慢慢長大了呢！
有一天就會離開媽媽身邊吧……。

一想到這裡，心裡既欣慰又寂寞……。
儘管百感交集，媽媽還是為妳的成長感到高興，
希望我們以後能多多溝通，
讓母女倆的關係比現在更融洽～

最後……

再過不久妳也要從高中畢業了，
高中畢業後，再也不能像過去學生時代一樣，
難免會面臨許多艱辛難過的事。
不過，這些都會成為妳人生中寶貴的經驗。
希望妳勇敢體驗，多多學習，
努力成長茁壯。

真的痛苦得無法承受時，一定要跟媽媽說哦！

謝謝妳陪媽媽一起渡過 18 年的快樂時光，
謝謝妳當媽媽的女兒。

能有妳這樣的女兒，做妳的媽媽，
我真的覺得很幸福。

媽媽

★便當中文字：獎狀

女兒大人

感謝妳三年來每天吃完怨念便當。謹此表揚妳的耐性。

老媽

怨念便當・完

「一個人絕對吃不完吧（笑）」　　　　　　老媽

[材料]

- ♦ 小番茄
- ♦ 馬鈴薯沙拉
- ♦ 奶油味噌炒蓮藕
- ♦ 明日葉生火腿卷
- ♦ 煎蛋卷
- ♦ 小熱狗
- ♦ 炸山藥肉卷

女兒來的信。

上高中之後，我就開始帶便當，
當我第一次看到卡通便當時，
心裡只想著：「啊……還真的做了啊……。」

同學們都說「好厲害！」「好可愛！」
可是我一點都不覺得可愛。

媽媽說是要找碴，
但其實做得很愉快吧？肯定是（笑）。

不過，媽媽真的很厲害，
每次都是親手做便當，從不買現成的。

畢業之後不必再吃「怨念便當」，這一點雖然開心，
但是也有些難過，因為再也吃不到「便當」了。

我其實不要求便當的菜色，
可是看到媽媽在家工作到半夜一點多，
早上五點多又在廚房裡切切洗洗，替我做便當，
心裡其實很感動。

雖然媽媽平常吃飯時會問我：「好吃嗎？」
我都沒什麼表示，

其實媽媽做的菜真的很好吃，我最愛吃媽媽做的菜了。

媽媽除了會做菜、做點心之外，從小也幫我做衣服，
什麼都替我做好，對我來說，媽媽是萬能的超人。

我將來想當一名調酒師，
高中畢業後，打算繼續待在八丈島打工存錢。

這段期間，我會認真追尋自己的夢想，
考慮是否在島上開店，或是前往東京打拚。

姊姊現在也住在附近，
希望我們一家人能把握時間一起生活，
繼續維持融洽的親子關係。
今後，我肯定還是會賴著家人的。

雖然媽媽無敵恐怖，
老是做些奇怪的事情逗我笑，
但是我打從心底尊敬媽媽，
也希望自己能跟媽媽一樣能幹。

最後，雖然三年來吃的全是怨念便當，
我還是很感謝這些便當陪我渡過五味雜陳的青春歲月。

無比感謝媽媽至今為我所做的一切。

叛逆期的女兒

CUG0041

今天也要用便當出擊： 日本酷媽用怨念便當收服叛逆女兒

作　　　者—— ttkk （Kaori）
日文書名——今日も嫌がらせ弁当：反抗期ムスメに向けたキャラ弁ママの逆襲
譯　　　者——江裕真、莊雅琇
主　　編——黃安妮
封面設計——江孟達
內頁設計——時報出版設計部
責任企劃——張燕宜、石璦寧
董 事 長
　　　　　——趙政岷
總 經 理
總 編 輯——余宜芳
出 版 者——時報文化出版企業股份有限公司
　　　　　　10803台北市和平西路三段二四〇號三樓
　　　　　　發 行 專 線—(〇二)二三〇六六八四二
　　　　　　讀者服務專線—〇八〇〇二三一七〇五
　　　　　　　　　　　　　(〇二)二三〇四七一〇三
　　　　　　讀者服務傳真—(〇二)二三〇四六八五八
　　　　　　郵　　　　撥—一九三四四七二四時報文化出版公司
　　　　　　信　　　　箱—台北郵政七九~九九信箱
時報悅讀網——http://www.readingtimes.com.tw
電子郵箱——history@readingtimes.com.tw
時報出版臉書——http://www.facebook.com/readingtimes.fans
法律顧問——理律法律事務所 陳長文律師、李念祖律師
印　　　刷——吉鋒彩色印刷股份有限公司
初版一刷——二〇一六年一月二十九日
定　　　價——新台幣320元

⊙行政院新聞局局版北市業字第八〇號
版權所有 翻印必究
（缺頁或破損的書，請寄回更換）

國家圖書館出版品預行編目資料

今天也要用便當出擊:日本酷媽用怨念便當收服叛逆女兒 /
ttkk(Kaori)著;江裕真, 莊雅琇譯. -- 初版. -- 臺北市:時報文化,
2016.01　面;　公分

譯自:今日も嫌がらせ弁当

ISBN 978-957-13-6535-0(平裝)

1.親子溝通　2.親子關係　3.烹飪

528.2　　　　　　　　　　　　　　　105000138

ISBN 978-957-13-6535-0
Printed in Taiwan